プロ野球
永久欠番 タブーの真相

別冊宝島編集部 編

宝島社

はじめに

栄誉を授かった選手はわずか14人……
「永久欠番」を巡る駆け引きと暗闘！

日本プロ野球で永久欠番の栄誉を授かったのは、70年の歴史でわずか14人しかいない。オーナーやファンに与えられた欠番を含めても、17という少なさである。

このことからもわかるように、永久欠番を与えられるには、さまざまな条件を満たさなければならない。チームへの貢献度はもちろんのこと、人間性なども加味され、決定に至るのである。

だが、それらの条件を満たせば、誰でも永久欠番を与えられるというわけではない。その選手がプレーした時代背景、それまでのキャリアによっては、永久欠番の候補にすらならないこともあるのだ。

永久欠番とはならず、「準永久欠番」となる選手は数知れない。球団に多大な貢献をしながら、いずれは後に続く選手に背番号が引き継がれてしまう。

永久欠番か、準永久欠番か。あまりにも開きのある2つの栄誉を巡り、球団と選手が対立するケースもある。

永久欠番に選ばれる経緯もさまざま。オーナーや監督の〝鶴の一声〟で決まることもあれば、中には退団の交換条件として永久欠番を与えられた人物もいる。それらの経緯は、当時のプロ野球を象徴しており、興味深く読み進めてもらえるだろう。

また、永久欠番を与えられながら、様々な事情で〝消滅〟してしまう事件も起きている。それもまた、プロ野球の歴史と深く結びついているのである。

そもそも、「永久欠番」というキーワードが再度クローズアップされたのは、2012年、阪神・金本知憲に「チームが永久欠番を検討」と報じられたことに起因する。さらに同年、西武では西鉄時代のエース・稲尾和久の「24」が、復活する形で永久欠番になっていた。

金本が永久欠番となっていれば、存命の元選手として、王貞治以来23年ぶりの永久欠番となるはずだった。ここでも歴史は繰り返す。ほとんどの野球ファンが永久欠番誕生を待ち望んでいたにもかかわらず、球団内部で無用な駆け引きが行われてしまったのだ。

永久欠番に決まった選手と、涙をのんだ選手の違いとはいったい何なのか――。永久欠番をめぐる駆け引き、暗闘のすべてを浮き彫りにする!

2013年4月　別冊宝島編集部

【第1章】

「永久欠番」の系譜と暗闘

文／織田淳太郎

◉日本プロ野球の永久欠番

◆読売ジャイアンツ

王 貞治	「1」	制定：1989年3月16日
長嶋茂雄	「3」	制定：1974年11月21日
黒沢俊夫	「4」	制定：1947年7月9日
沢村栄治	「１４」	制定：1947年7月9日
川上哲治	「１６」	制定：1965年1月18日
金田正一	「３４」	制定：1970年4月2日

◆阪神タイガース

藤村富美男	「１０」	制定：1958年11月30日
村山 実	「１１」	制定：1972年11月2日
吉田義男	「２３」	制定：1987年10月13日

◆中日ドラゴンズ

服部受弘	「１０」	制定：1960年3月20日
西沢道夫	「１５」	制定：1959年3月15日

◆広島東洋カープ

衣笠祥雄	「3」	制定：1987年9月21日
山本浩二	「8」	制定：1986年10月27日

◆埼玉西武ライオンズ

稲尾和久	「２４」	制定：2012年7月4日

◆北海道日本ハムファイターズ

大社義規　　「１００」 制定：2009年2月1日

◆千葉ロッテマリーンズ

ファン　　　「２６」　制定：2005年～

◆東北楽天ゴールデンイーグルス

ファン　　　「１０」　制定：2004年12月17日

FILE 1

巨人軍、球界最多6人の永久欠番

〝外様〟金田正一に栄誉を与えた正力松太郎の死と「4」の亡霊

順当に決まった王とは対照的に、金田の永久欠番には異論があった。

巨人ではこれまで、6人の永久欠番が誕生している。このうち、2選手は生え抜きの選手ではなかった。なぜ、在籍期間の短い金田に永久欠番が与えられたのか？　その歴史を紐解き、球団史に残るミステリーの真相に迫る。

日本球界初の永久欠番「4」と「14」

川崎市多摩区のよみうりランド内にある読売ジャイアンツ球場。その室内練習場に足を踏み入れると、入り口付近の壁に埋め込まれた巨人軍の創始者・正力松太郎の胸像と、彼によって掲げられた三つの遺訓が、まず目に入る。

「巨人軍は常に紳士たれ」「巨人軍は常に強くあれ」「巨人軍はアメリカ野球に追いつけ、そして追い越せ」——。

この三つ目の遺訓、アメリカ野球を模範にしようとしたその遺志こそが、日本球界における永久欠番の礎となったことは、あまり知られていない。

そもそも野球の永久欠番には、「殉死」的な意味合いが色濃くあった。職務に散った警察官で言えば、いわゆる「特進」措置で、その第一号となったのがヤンキースの主砲ルー・ゲーリッグの背番号「4」である。

ゲーリッグは疲れを知らないその強靭さから「鉄の馬」の異名をとった。生涯打率3割4分0厘。2度のMVPと三冠王1回。1925年から39年にかけて、2130試合連続出場の世界記録（当時）もつくった。

記録が途切れた原因は、突如として襲われた体調不良。筋肉が萎縮する筋萎縮性側索硬化症という難病である。

同年7月4日の独立記念日、ゲーリッグは地元ヤンキースタジアムで引退を表明した。その功績を称え、ヤンキースは「ゲーリッグが存命中は、彼の背番号4を誰にもつけさせないこと」を表明。その2年後の1941年6月、ゲーリッグが亡くなると、ヤンキースが背番号4を大リーグ初の永久欠番とした。

それから6年後の1947年の7月、日本のプロ野球に初の永久欠番が誕生した。巨人軍の沢村栄治の背番号「14」、そして黒沢俊夫の背番号「4」である。

沢村は激烈極まる戦火の中、1944年12月、台湾沖で戦死した。黒沢は1947年6月、現役のまま腸チフスのため急死している。伝説の大投手・沢村は別として、この黒沢の存在はそれほど知られていない。

黒沢とは、どんな選手だったのか。だがその前に、巨人軍の成立と黎明期について、若干の説明をする必要があるだろう。

メジャー球団による「沢村強奪未遂事件」

読売巨人軍は、1934年12月、当時の読売新聞社・正力松太郎社長の英断により、

「大日本東京野球倶楽部」の名称で発足した。この日本初の職業野球の初代監督は元慶大監督の三宅大輔。選手として登録されたのは、水原茂、ビクトル・スタルヒン、三原修（後に「脩」と改名）、刈田久徳、そして沢村栄治といった錚々たるメンバーである。

彼らの背番号には漢数字が採用された。投手のスタルヒンと沢村が、それぞれ「十八」と「十七」、二塁手の刈田が「五」という具合だったが、これは野手が「一」〜「九」、捕手が「十」〜「十二」、投手が「十三」以降の番号を背負うという暗黙の取り決めがあったためである。

日本初のプロ球団である巨人は、1935年1月から「東京ジャイアンツ」の仮名称でアメリカ遠征を敢行した。全米各地を転戦し、同7月に帰国するまでの戦績は、75勝34敗1分け。その勝ち星の多くを稼いだのが、剛腕で鳴らした沢村だった。

職業野球結成直前の1934年11月、静岡・草薙球場で行われた日米野球で、沢村はルー・ゲーリッグのソロ本塁打のみに抑える1失点9奪三振の快投を演じた（試合は0対1の惜敗）。加えて、全米遠征での獅子奮迅の活躍。この逸材に、メジャーリーグが目をつけないわけがなかった。

米国遠征中の1935年6月11日、レッドソックスとの試合前、外野を走っていた沢村に、外野フェンスから飛び降りてきた中年男性が、ペンと紙を差し出した。ファンがサインを求めていると思い込んだ沢村は、快くそれにサインを走らせた。

ところが、それはカージナルスの入団契約書だった。

「スクールボーイ（沢村）をいつ渡してくれるのか？」

試合後、中年男性が鈴木惣太郎マネージャーに沢村の譲渡を迫ってきた。当の沢村が真っ青になったのは言うまでもない。

結局、鈴木マネージャーが「東京ジャイアンツはアメリカの野球機構に所属していないから、契約は無効だ」と突っぱねて事なきを得たが、いずれにしてもこの「沢村強奪未遂事件」が、沢村をして「伝説の名投手」と呼ばれる一助になったことだけは、確かだろう。

沢村の背番号が「十四」に変更されたのは、職業野球が開幕した1936年からだった。この年の秋、沢村は史上初のノーヒットノーランを達成。大阪タイガースとの優勝決定戦では3連投し、巨人初優勝の原動力となった。翌1937年春には24勝、圧巻の防御率0・81を残し、これまたMVP第一号に選ばれている。

だが、その後の度重なる徴兵が、沢村の野球生命を蝕んでいく。戦闘で左手に銃弾貫通の重症を負い、マラリアにも感染した。そして、手榴弾の投げすぎによる右肩の故障……。オーバーハンドからの豪速球は、陰りを見せていった。

一時復員して、再び巨人のユニホームを纏った1940年、沢村はサイドスローに活路を見出し、7月の名古屋戦で自身3度目のノーヒットノーランを達成する。

しかし、これが最後の煌きだった。その後、再び徴兵された彼の肉体は、使い古した雑巾のようにボロボロになった。サイドスローでさえも投げられなくなり、1943年のシーズン終了後に巨人軍から解雇通達を受ける。プロ通算63勝22敗、防御率1・74。沢村が戦火に散ったのは、その1年後のことだった。

徴兵された川上の穴埋めで黒沢が入団

プロ野球における永久欠番誕生の皮肉と言えば、プロ野球黎明期の最大の功労者の存在とその死が、ただちに永久欠番へと直結しなかったことかもしれない。沢村の死後、巨人では今泉勝義、坂本茂といった2人の無名内野手に、沢村の「14」が継承されている。

当時の職業球界が、背番号に対して無頓着だったのも、大リーグにいまだ永久欠番が存在していなかったからにほかならない。

沢村の背番号14が脚光を浴びるきっかけをつくったのは、1人の移籍選手の存在だった。沢村が世を去った1944年、西鉄軍から巨人にトレードされた外野手の黒沢俊夫である。

黒沢は1936年、旧制関西大学から名古屋金鯱軍に入団した。俊足の好打者として同年春夏のリーグ戦で3割1分3厘、翌1937年の春には2割9分5厘の高打率を残した。しかし、合併によって大洋軍（後に西鉄軍）と球団名が変わった1941年と43年の2年間は、ともに1割9分台の打率しか残していない（42年は徴兵により不出場）。

その黒沢がなぜ、巨人にトレードされたのか。

大戦の激化に伴い、プロ野球選手の多くが戦地へと駆り出されていた時代だった。当然、人員不足に泣く球団も出てくる。巨人もその球団の一つで、後に「打撃の神様」の異名をとる川上哲治も1944年に立川航空隊整備隊に入営していた。

黒沢も人員不足のための供出選手として巨人に移籍したが、一方ではその川上の抜けた穴を埋めるという役割も担っていた。背番号は4。これは、金鯱軍時代の背番号でもある。

同年、黒沢は川上の穴を埋めるべく、見事な活躍を見せた。その俊足ぶりから主にトップバッターを務めたが、ときに四番打者としてもチームを牽引した。5月20日の南海戦では、二度の本盗を成功させるという離れ業も演じた。

この年、打撃ベストテン2位となる3割4分8厘の高打率をマーク。チームメイトだった故・千葉茂は、「左打席で背を丸めて構え、しぶとい打撃を身上としていた」と、この黒沢の特徴を振り返っている。

だが、戦局の激化もあり、同年9月の試合を最後に、職業野球は休止に追い込まれる。翌1945年4月には、黒沢も三度目の招集を受け、済州島に向かった。

彼が巨人軍に戻ってきたのは、プロ野球が再開された終戦翌年の1946年のことである。同年6月、郷里の熊本で農業に専念していた川上哲治も、チームに合流してきた。

1938年秋にプロ球界初の三冠王を獲得した中島治康が、監督兼任選手として巨人に復帰したのも同じ頃である。

突然の体調不良に襲われ〝殉職〟

ここにきて、巨人打線はようやく思惑通りの布陣を構築することができた。四番・川上を核として、その前後を黒沢や千葉、中島で固めた。黒沢は主に三番ないし五番という打順だったが、3割0分8厘の打率を残し、巨人の中で唯一打撃ベストテンに名を連ねた（8位）。

「黒沢さんのおかげで老舗球団の面目が辛うじて保たれた」(千葉)

その黒沢の肉体にちょっとした異変が生じたのは、1947年のシーズンに突入してからだった。

「どうも痔がひどくなってきたようだ」

ときおり思い出したように訴えた。26試合を消化した後、戦列を離れて、都内の病院に入院した。そして以後、黒沢がグラウンドに立つことはなかった。

同年6月23日、容体が悪化して死去。享年33歳。

「もし俺が死んだら、巨人のユニホームを着せて、棺にバットとボールをいれてくれ」

入院中、妻の賀久子にもらした遺言だった。

黒沢の死因は腸チフスである。ノモンハンの激烈な戦火を奇跡的に生き抜き、球界に復帰してきたその彼が、あまりにもあっけない最期を遂げた。

この突然の訃報に、巨人軍関係者は、大きなショックを受けた。そこから黒沢の遺した業績を称えようとする動きが出てきたのも、当時の大リーグの動向と無縁ではなかった。

ルー・ゲーリッグの死去に伴い、その背番号が永久欠番になってから、わずか6年しか経っていない。しかも、背番号は黒沢と同じ「4」。巨人ナインを中心に「黒沢さんの背番号4を永久欠番にしよう」という声が出てくるまで、それほど時間はかからなかった。

穏やかな性格の黒縁メガネの彼は、それほどナインに愛されていたのだ。そして、追悼の意味を込めたこの提案に、3年前戦場に散った沢村の名前が出てこないほうが、むしろ不自然だったのかもしれない。

黒沢が世を去った16日後（1947年7月9日）、巨人軍は黒沢の背番号4と沢村の背番号14を永久欠番とすることを決めた。日本球界初となる永久欠番が、こうして誕生した。

ところで、黒沢の背番号4に関しては、「4（死）」という数字が不吉だから欠番にした」という説が、まことしやかに流れたことがある。

これに対して、千葉茂は「断じてそのようなことはない」と語気を強め、こう訴えたという。

「当時は4番の選手がゴロゴロいた。あくまでも黒沢さんの人間性が4番を不滅にしたのだ。壮烈な殉職だよ」

黒沢の葬儀は巨人軍葬によって、後楽園で執り行われた。遺言通り、遺体には背番号4のユニホームが着せられた。黒沢は永久欠番と一緒に荼毘に付され、黄泉の国へと旅立った。

なぜか空き番号となっていた「16」

千葉は黒沢の死を「壮烈な殉死」と見なした。そして、「壮烈な殉死」と言えば、戦火に散った沢村の死ほど、その要素を満たしているものはない。

ルー・ゲーリッグがそうだったように、この2人の背番号が日本球界初の永久欠番となったのも、当時の永久欠番の基準が選手のチームにおける貢献度に加え、その死に様が深く関与していたからである。

実際、巨人で言えば、いずれも史上初となる三冠王打者の中島治康や完全試合投手の藤本英雄、さらにシーズン42勝の日本記録をつくるなど通算303勝をマークしたビクトル・スタルヒンなどは、その恩恵に浴してはいない。

この永久欠番の概念が、「死に様」という根本条件を超えて、「球界に残した偉大な功績を讃えるため」というシンプルなカテゴリーに集約されていったのは、1958年11月に阪神が藤村富美男の背番号10を永久欠番にしたことに始まる。

翌1959年3月には、中日の西沢道夫の「15」が永久欠番。その1年後に同じく中日の服部受弘の「10」が永久欠番となり、各球団が「存命者」をその対象とする形で巨人に追随するようになる。

こうした風潮の変遷において、1965年1月、巨人に3つ目の永久欠番が誕生した。川上哲治の背番号16である。

この川上がどんな選手だったかについては、ことさら多くを語る必要もないだろう。1938年、熊本工から投手として巨人に入団。前記したように、投手の背番号は当時、13番からと決められていたが、その年までなぜか番号の若い「16」が空き番号になっていた。

そのため、川上がこの番号を背負うことになった。が、その打撃力に目をつけた藤本定義監督の方針もあり、いきなり打者兼任選手となる。この起用法が彼の野球人生を決定づけた。

プロ2年目の1939年、打率3割3分8厘で史上最年少の19歳で首位打者を獲得。4月10日の南海戦では、投手として5安打を記録した。翌1940年には川上の打球を「弾丸ライナー」と形容する報道が翻っている。

1941年、二度目の首位打者を獲得。川上が打者専門となったのは、その翌1942年からである。

だが、同年10月、川上は熊本聯隊に入隊。1944年3月には陸軍立川航空整備学校の教官となり、終戦後は熊本の実家で農業を営んでいた。

川上が巨人の強い要望でチームに合流したのは、プロ野球が復活した1946年。

終戦翌年のことである。このとき川上は復帰条件として、巨人に3万円を要求した。プロ野球に契約金が定着する、そのきっかけをつくっている。

　球界復帰2年目の1948年に本塁打王を獲得（25本塁打）。プロ野球が2リーグに分裂した1951年には、当時の最高打率3割7分7厘をマークして、3度目の首位打者に輝いた。

　川上が「打撃の神様」の異名をとるようになったのは、この頃からだった。「ボールが止まって見えた」という台詞を吐いたのも、同じ時期である（ただし、この台詞はスクープを取るための記者の捏造とも言われている）。

川上の永久欠番は事実上の監督手形

　川上は1958年、18年に及ぶ現役生活にピリオドを打った。通算打率3割1分3厘、181本塁打、打点1319。首位打者5回、本塁打王2回、打点王3回、そして最多安打6回という数々の栄光を残した彼も、引退後すぐに永久欠番の恩恵にあずかったわけではない。

　現役時代の川上は、首脳陣泣かせの選手だった。あくまでもマイペースを貫き、ときに首脳陣批判を繰り返した。

1950年、三原脩から水原茂に監督が代わったときは、宇野庄治球団社長に「前年度に三原政権で戦後初の優勝を成し遂げたというのに、なぜ新しい監督を迎える必要があるのか」と噛みつくと、その返す刀で「このままでは契約書の判を押せない」と詰め寄った。

水原新政権では選手兼任の助監督就任も要請されたが、「自分の仕事は打つこと」と、それを頑なに拒んでいる。川上の「16」がすぐに永久欠番の俎上に上げられなかったのも、一つにはこうした奔放で自己中心的なカラーが、多分に影響したのかもしれない。

だが、川上の態度は水原政権2年目の1951年、突如として豹変する。サンフランシスコ・シールズのキャンプ招待選手に、水原監督が対立関係にある川上を推薦したのが発端だった。水原はこう回想している。

「将来の監督は川上しかいないと思っていました。だから、私は私情抜きで川上をアメリカに行かせたわけです」

この初めての渡米が、川上の意識を決定的に変えた。シールズのキャンプに参加してみると、チームの中で監督が帝王のごとく君臨していた。いや、監督だけではない。首脳陣そのものが、選手に対する強固な支配権を有していた。監督を頂点とするその威厳と存在の前では、どんなスタープレーヤーといえども、組織の一部にすぎない。

巨人は1949年、戦後初の日米野球で、MLB傘下の3A球団だったシールズに4―13と完膚なきまでに叩きのめされている。川上はアメリカ野球の強さの源泉に、厳然としたピラミッド型のヒエラルキーがあったことを思い知らされた。同時に、自分の考えが間違っていたことを痛烈に悟る。

川上が首脳陣の意向に沿う形で、現役と助監督の二足の草鞋《わらじ》を履いたのは、この年のことだった。

1958年に引退した後、川上は背番号「16」を背負ったまま、巨人のヘッドコーチを務めた。

1961年には監督に就任。いきなり日本一を達成し、1963年にも再び日本の頂点に立った。その過程で川上が着々と進めていたのが、水原政権で蔓延していた放任主義の一掃、さらにアメリカ式の管理主義体制の土台づくりだった。

1965年1月、その川上が野球殿堂入りを果たし、背番号を「16」から「77」に変更した。そして、ここにきて巨人は物故者のみを対象としてきたその永久欠番措置を、初めて「存命者」である川上に適用することになる。

その背景には、すでに藤村や西沢など他球団プレイヤーの背番号が永久欠番になっていたことに加え、川上を「永久監督」とする巨人軍の思惑もあったとされている。

いずれにしても、不滅のV9時代がこの年からスタートしたのは、いかにも象徴的だ

監督となっても「16」を背負った川上。V9が始まる1965年から「77」に変更している。

った。

巨人での実績は金田よりも別所が上

巨人で川上の「16」に続く4人目の永久欠番の恩恵に浴したのは、400勝左腕・金田正一の背番号「34」。引退翌年の1970年4月のことである。

巨人軍において、金田の存在は特別というより、むしろ特異だった。彼の背番号「34」が永久欠番になったときの周囲の反応が、そのことを端的に表わしている。

巨人OBの千葉茂は、憤りを垣間見せた。

「カネ（金田）の34番がなんで巨人の永久欠番になるんや！　カネはもちろん永久欠番にふさわしい大投手だが、欠番になるなら国鉄やろ」

また、川上も首を傾げつつ、こう口にしている。

「金田の34番が永久欠番に決定したとき、実はアレッと思ったんです。なぜなら別所の11番が欠番になっていなかった。生え抜きが条件だったのなら、金田だって、と」

別所毅彦は、1942年に南海に入団した往年の右腕である。巨人には1949年から61年まで13年間在籍した。

歴代5位となる通算310勝。MVP2回、沢村賞2回、ノーヒットノーラン1回、49・1イニング連続無失点など数々の金字塔を打ち立てた。勝ち星の70％以上は巨人時代にマークしたものである。

「同じ外様で、なぜ金田の背番号が巨人軍の永久欠番になり、別所のそれはならなかったのか」

これが、川上の素朴な疑問であり、千葉の憤りだった。「しかも」と、2人は強調したかったに違いない。「別所は金田以上に巨人に貢献している」――と。では、別所の背番号「11」を差し置いて、なぜ金田の「34」が永久欠番となったのか。

金田は1950年夏、享栄商業を2年生で中退し、17歳で国鉄スワローズに入団した。高校中退ということもあり、背番号は「34」。この数字に対して、金田は特に頓着なく、「いずれ34を金田正一の番号にしてみせる」と言い放っている。

同年、8月デビューも、いきなり8勝をマーク。2年目、1951年9月5日の阪神戦では、史上最年少の18歳でノーヒットノーランを達成。この年、21勝をマークした。以後、彼は14年連続20勝以上という大金字塔を打ち立てる。1957年8月21日の中日戦では、9回1死からのハーフスイングを巡る43分の抗議中断に見舞われながらも、完全試合を達成するという離れ業も演じた。

1958年は、開幕からわずか51試合目（6月5日）で20勝に到達（この時点での防御率は圧巻の0・57)。最終的に31勝を挙げた。巨人の新人・長嶋茂雄を初対決で4打席4三振に抑えたのも、同シーズンのことである。

一方、金田が国鉄時代の15年間でマークしたのは353勝。弱小球団の国鉄がこの間に挙げたチーム勝ち星は838で、実にそのうちの42%以上も彼1人で稼いだことになる。

「ワンマン」の言葉が物語るように、金田を語る上で無視できないのが、その強烈すぎる存在の芳香である。国鉄に入団してからというもの、彼はチームの中で帝王のごとく振舞ってきた。相手が監督やコーチであろうが、まったく臆することなく放言を繰り返した。監督だった浜崎真二を「おじいちゃん」と呼んだりもしたが、ときに監督を差し置いて、自ら采配も振るった。

10年連続の20勝まであと1勝に迫っていた、1960年のある日のゲームだった。プロ初勝利を目指し、5回途中まで好投を演じていた島谷勇雄に対して、ベンチの金田が「わしが引き継ぐ」とダッグアウトを飛び出すと、「ピッチャー金田」と球審に告げた。彼はそのままマウンドに上がり、まんまと20勝目をせしめた。

結局、島谷はプロ未勝利のままその3年後に球界を去るが、金田が「天皇」、あるいは「監督を監督できる唯一の選手」と言われた所以が、ここにも見出すことができるだろう。

別所にまとわりついたダーティーイメージ

1964年、その金田が球団に対して、激しく牙を剥く。その2年前に産経新聞社とフジテレビが国鉄の経営に参画していたこともあり、サンケイ新聞運動部から出向した林義一が、国鉄の監督に収まった。この「素人監督」がこう発言したことで、まず両者の間にヒビが入る。

「金田は特別扱いしない。あくまでもチームの一員として、滅私のプレーに徹してもらう」

金田はこの林監督を「どあほう」呼ばわりした。チームの不振もあって、ナインの多くも「ショーマンシップがまるでない」などと林監督の手腕を否定したが、金田の監督批判は、より激烈だった。

キャンプで打撃練習をしていた金田が、林監督に「投手はピッチングだけやればいいんだ」と言われたことで激怒。あわや掴み合いの喧嘩に発展しそうになったこともある。

かと思えば、批判は球団そのものにも及んだ。国鉄の興行収入の落ち込みが問題にされたときは、敢然とこう言い放った。

「そんなに金が欲しいのなら、わしを売ればいい」

さらに、金田が実の父親のように慕っていた北原広男球団代表が代表職を解任されるに至り、彼は国鉄に完全に愛想を尽かしてしまう。

「わしはもう国鉄をやめるでぇ」

同年オフ、新築の自宅に報道陣を集めると、そう公言した。

翌1965年、金田はB級10年選手制度（66年に廃止）を行使して巨人に移籍した。そして、その移籍と共に幕が開けた巨人軍のV9時代。金田は国鉄時代と同じ背番号「34」のユニホームを身にまとった。

金田は国鉄に反旗を翻し、巨人に移籍した。しかし、弱小・国鉄の不甲斐なさも手伝い、世間は必ずしも金田に対して批判的ではなかった。日本屈指の左腕が人気球団の巨人に移籍したことで、むしろ好意的な目を向けた。

金田も「移籍」と言われるのを嫌い、巨人ファンの琴線に触れるような発言をした。

「巨人はわしが選んで入った球団や。だから〝移籍〟やない。巨人というチームに〝新入団〟したつもりや」

この男気こそが、ダーティーなイメージがつきまとった別所と決定的に違っていた。別所は1948年、26勝を挙げて南海の優勝に貢献した。その功の報いとして「一軒家を建ててほしい」と要求。南海がこれを一蹴したことで、球団との間に亀裂が入った。

しかし、その南海との契約交渉と並行して、巨人とも入団交渉をしていたことが発覚する。

結局、連盟裁定で自由契約選手となった別所は、晴れて巨人に移籍することができた。のちの「江川事件」を彷彿させるこの騒動は、「別所引き抜き事件」として世の批判の対象となっている。

別所の背番号「11」が、巨人で永久欠番候補にならなかったのも、このときのダーティーなイメージが関与していたのかもしれない。

川上も首をかしげた金田の永久欠番

それにしても、監督を頂点とする絶対的ヒエラルキーを構築しようとしていた巨人軍。その奔放な言動から「天皇」とまで言われ、すでに選手としての晩年期を迎えていた金田を、なぜ川上監督はあえて獲得したのか。

金田は「走り込み」を最重視した、球界随一の〝練習の虫〟だった。川上の狙いは、その豊富な練習量を巨人ナインに提示することで、彼らの発奮を促すことにあったと言われている。

その思惑は見事に当たった。

「あれほどの大投手が、若い俺たちよりも走っている」――。多くの若い選手の意識が変わり、いつしか練習量そのものが増えていった。金田から体調管理と体づくりを学んだ長嶋が、深刻なスランプから脱したこともある。

一方で、川上巨人は金田懐柔策も忘れなかった。川上監督との間に入って、その矢面に立ったのが、投手コーチの藤田元司だった。

藤田はこうコメントしている。

「彼ぐらいの大投手になると、自分の野球の城というものを持っている。つまり、一国一城の主です。しかし、巨人には巨人の野球のやり方というものがあります。彼の城を守りながら、こわし、それをチーム全体の中にいかに溶け込ませていくか」

当初は金田の反感を買い、ぶつかりあった。が、腹を割った議論を繰り返していくうちに、金田もしだいに川上野球への理解を深めていく。

川上もまた、金田のプライドを尊重し、日本シリーズ第一戦の先発に何度も送り出した。巨人在籍5年で、開幕投手は4度にも及んだ。金田の「400勝」という目標に関しても、川上はこう口にしている。

「そういう機会がきたら、金田に400勝の機会を与える。これは金田一個人のためではない。プロ野球全体のためにすることだ。あとからくる若い者は、これを自分自身の目標とするだろう。また、そうしてもらいたい。社会全体のためにも、役立つことだと信じるからだ」

その「社会全体に役立つ」瞬間が訪れたのは、1969年10月10日の中日戦だった。金田は400勝の大記録まであと1勝に迫っていたが、金田のいない試合前のミーティングで、川上監督はナインを前に「金田に400勝させて、引退に華を添えよう」と檄を飛ばしている。

この試合、3―1のリードのまま、金田は5回から先発の城之内をリリーフした。そして、午後9時11分、54球を費やして、ついに前人未到の400勝に到達する。

このとき、金田はチームの全員に「ありがとう」と礼を述べ、マウンドを譲った城之内にも「すまなかった」と、頭を下げたという。かつて、10年連続の20勝という自身の目標のため、未勝利投手から初勝利を奪い取った金田の姿は、そこになかった。

20年の現役生活で、通算400勝298敗。防御率2・34。4490奪三振はノーラン・ライアンに次ぐ世界第2位……。王貞治の868本塁打にも匹敵する、世界に誇る堂々たる数字を金田は残した。

もっとも、金田が巨人の5年間で残したのは47勝にすぎない。20勝をマークしたシーズンもなく、シーズンの最高勝ち星は1967年の16勝。巨人2年目の66年はわずか4勝、プロ最終年となった69年も5勝に留まった。

引退の翌1970年4月、その金田の背番号「34」が、巨人軍の永久欠番となった。このことに、金田の400勝を後押しした川上監督までが首を捻ったことは、すでに書いた通りである。

欠番を決めた正力亨オーナーの「鶴の一声」

なぜ、大記録の大半をつくった国鉄ではなく、巨人軍の永久欠番だったのか。

その伏線として、国鉄が1965年に産経新聞社とフジテレビに経営権を譲渡したことが挙げられるだろう（70年にはヤクルト本社が単独で経営権を得た）。その両社がすでに経営の主導権を握っていた1964年、金田がその球団方針を痛烈に批判。そのままチームを飛び出したことが、その大きな理由だったと言われている。

骨肉関係にあるその一方が、もう一方に最大の名誉を与えるわけもない。「34」の永久欠番措置は、ある意味国鉄（当時はヤクルト）ではありえないことだった。

そのことを危惧していたのか、金田の「34」を巨人の永久欠番とすることを決めたのは、正力亨オーナーだった。文字通り「鶴の一声」だったという。

これには、タイムリーとも言える、ある偶然が絡んでいる。プロ野球の生みの親で、巨人軍の創始者・正力松太郎が世を去ったのは、奇しくも金田が400勝を達成した、その前日のことだった。そして、彼の遺訓の一つ、「巨人軍はアメリカ野球に追いつけ、そして追い越せ」——。

400勝の大金字塔だけでなく、当時世界記録だった4490奪三振。松太郎の息子でもあった正力オーナーが、最愛の父の遺訓を達成した者として、「移籍組」の金田を特別に評価し、祭り上げたとしても、何の不思議もなかった。

加えて、プロ球界の永久欠番第一号となった黒沢俊夫の背番号「4」。記録の上では大きく金田の後塵を拝したその黒沢が、23年前に同じ移籍組として永久欠番の名誉にあずかるという前例をつくっている。

つまり、正力松太郎の死と黒沢の存在。この二つの条件が、金田の「34」を永久欠番へと後押ししたと見るのも、あながち見当外れではないだろう。

未来を暗示した王の背番号「1」

その後、巨人からは二つの永久欠番が誕生した。長嶋茂雄の背番号「3」（1974年11月）と王貞治の背番号「1」（1989年3月）である。

プロ球界では、1972年11月に阪神・村山実の「11」、85年7月に近鉄・鈴木啓示の「1」（後に球団消滅のため失効）、86年10月には広島・山本浩二の「8」、翌87年の9月にも同じく広島・衣笠祥雄の「3」が、それぞれ永久欠番となった。

V9時代の看板スターであり、球界の最大の功労者であるONの背番号に、永久欠番の称号が与えられたのも、当時の球界の流れから言って、当然すぎるほど当然な措置だった。この中で、王の「1」が引退後、即永久欠番とならなかったのは、彼が同じ背番号で助監督や監督を務めたからである。

巨人において、最初に背番号「1」を背負ったのは、初代キャプテンの二出川延明外野手（後にパ・リーグ審判部長）である。以後、「1」は林清一、白石敏男、南村不可止と受け継がれ、1934年に王へとバトンタッチされた。

王の入団時に「たまたま空き番号になっていたから」というのが、そもそもの理由だったが、背番号「1」の譲渡というその好待遇に、当の王も「高卒の自分がこんな若い番号をもらえるなんて夢のようです」と手放しで喜んだという。

しかし、空き番号だったとはいえ、王に対する「1」はいかにも暗示的だった。当時の品川主計球団社長は、こう口にしている。

「王クンの〝王〟は〝ワン〟とも読む。何事も1番になれという期待を込めて、1番にした」

その後の王の活躍ぶりは、あまりにも有名である。前人未到の通算868本塁打の世界記録、プロ野球記録の通算2170打点、本塁打王15回、打点王13回、二度の三冠王獲得、そして日本初となる国民栄誉賞の受賞……。名実ともに「世界の王」に躍り出た彼は、長嶋とともに「球界の至宝」というカテゴリーを超えて、日本の象徴的な存在へと祭り上げられていく。

前出の金田正一。「天皇」とまで言われた彼にしても、その威光の前では畏敬の念を抑えきれなかったのかもしれない。

金田は口にしている。

「ONをバックに日本シリーズで投げるのが、わしの夢やった」

背番号「1」が永久欠番になって24年。その間、巨人から永久欠番は生まれていない。

FILE 2

ミスターは「15」になるはずだった!?

長嶋茂雄によって昇華した背番号「3」とプロ野球の潮流

引退試合を終え、背番号「3」に別れを告げる長嶋。

ミスタープロ野球・長嶋茂雄により、威厳に満ちた背番号となった「3」。だが、プロ野球黎明期、3番を背負いアメリカと対峙した男がいた。そして、長嶋の「3」が永久欠番となり、憧れの番号へと昇華していく。

万国共通で受け入れられている「3」

心理学に「レスポンデント条件づけ」という用語がある。特定の刺激とある種の感情が条件反射的に結びつくことを意味し、「パブロフ型条件づけ」とも呼ばれる。

たとえば、こんな話を聞いたことがある。かつて明大野球部の島岡吉郎監督（故人）が、たまたまいつもと違う道を通って神宮球場に赴いたところ、その試合にチームが快勝した。以来、島岡監督は同じルートで球場入りするようになったが、ある日、その道が工事で塞がれていたため、「通せ！」「通さない！」の大喧嘩になったという。

このエピソードなどは、「特定の道（特定の刺激）」が、「快勝による満足感（感情）」を条件反射的に喚起させるという意味で、典型的な「レスポンデント条件づけ」である。巷間言われる「ジンクス」や「ゲン担ぎ」などは、このカテゴリーに入るという。

同じようなことは、数字にも当てはまる。日本の場合、忌み嫌う数字と言えば、「4（死）」、「9（苦）」、「42（死に）」、「4989（死苦八苦）」など、死や苦しみを連想させるものである。そのため、ホテルや病院の部屋番号、車のナンバープレートなどには、これらの数字が使われていない。

一方、キリスト教圏では「13」「666」などの数字が忌み嫌われている。「13」はイエス・キリストの「最後の晩餐」に出席した使徒が13人だったからで、「666」に関しては、それが悪魔の番号とされているのが理由である。アメリカスポーツの背番号でこれらの数字が忌避されているのも、こうした文化的通念としての「レスポンデント条件づけ」と無縁ではない。

では、「3」はどうなのか。「惨」を連想させることから、日本では一部忌避されてもいるが、この「3」という数字が万国共通で受け入れられていることは、少なくとも偶然ではない。

崇高な領域の関係性は、すべて三元的だと言われる。時は「過去」「現在」「未来」の三つの次元に分けられる。心理学では人間心理を「無意識」「意識」「超意識」の三層で表し、哲学や宗教の分野では、人間存在を「身体」「精神」「霊魂」の三つに分ける。空間的な位置を表わすときも「ここ」「あそこ」、そして「その間」の三つの関係が存在するだろう。

これらは、「三位一体」という崇高な概念で理解され、人類の記憶の中に長く保存、継承されてきた。「3」という数字が、一部の例外を除いて、普遍的に尊ばれてきた理由の一端が、ここにある。

「3」のイメージを形づくった田部武雄

プロ野球における背番号「3」も、私たちに一種崇高なインパクトを与えてきた。その代名詞となっているのが元巨人の長嶋茂雄だが、それ以外にも衣笠祥雄（元広島）、立浪和義（元中日）、清原和博や中島裕之（共に元西武）といった錚々たる顔ぶれが、「3」のユニホームを纏っている。この中で、長嶋と衣笠の「3」が、永久欠番になった。

なかでも長嶋のそれは、「栄光の背番号3」と呼ばれた。チャンスに滅法強かっただけではない。その旺盛なショーマンシップからセオリー逸脱のプレーを平然とこなすかと思えば、突如として「燃える男」に変身し、ときに奔放にして破天荒なその言動でファンの首を傾げさせる。それでも「ひまわり」のような明るさは、終始一貫変わることがなかった。

この長嶋が定着させた「背番号3」のイメージが、彼が登場する20年以上も前に、ある選手によってすでに形づくられていた――と言えば、意外な感じがするかもしれない。

田部武雄。プロ野球における背番号3の第一号選手である。田部はその経歴からいって、まず奔放だった。広陵中に籍を置きながら、満州の大連実業団の1番二塁手として内地を転戦。1927年には広陵中のエースとして、甲子園準優勝を果たす。翌1928年には広陵中を卒業しないまま、明大に進学した。にも拘らず、明大野球部に所属しながら大連実業団の遊撃手として、明大や早大などとの試合に臨んだりもしている。

経歴が奔放なら、そのプレーも奔放だった。明大ではユーティリティプレーヤーとして、内野手や外野手のみならず、投手まで務めた。三塁への偽投から素早く一塁へと転じる牽制球は、彼が編み出したものだという。外野からは「レーザービーム」で、たびたび走者を憤死させた。

中でもその韋駄天《いだてん》ぶりは伝説的でもある。相手投手の一塁牽制球の隙に、三塁からホームスチールを成功させた。雑誌の取材では、その田部と〝暁の超特急〟吉岡隆徳とを100メートル走で競わせるという企画までが持ち上がった。吉岡は1932年のロス五輪陸上短距離で、東洋初の入賞を果たしているが、実際に対決してみると、50メートルすぎまで田部がリードしていたという。

身長161センチの小柄な彼は、いつしか「天才」と呼ばれるようになった。六大学随一の美男子だったこともあり、女性ファンが群がり、同期の松木謙治郎（後に阪神）がそのサインの代筆をした。松木によると、「田部ほどのショーマンシップに長けた選手はいなかった」という。加えて、奔放なプレーと韋駄天ぶり、そして六大学の大スター。彼の姿は、後の長嶋茂雄をいかにも彷彿とさせるだろう。

田部から黎明期のスター・中島治康へ譲渡

1934年、日本初の職業球団「大日本東京野球倶楽部（のちの巨人）」が設立されたとき、この田部にもお呼びがかかった。明大卒業後、福岡の九州電気軌道（後の西日本鉄道）で働いていた田部は、さっそくチームに参加した。

このとき与えられた背番号が、「三」である。しかし、この「背番号三」時代の寿命は、ひどく短かった。翌1935年、彼は二代目の主将を託され、それに伴って背番号も「一」に変更された。後に巨人軍で永久欠番となる「3」と「1」を共に背負った選手としても、この田部の存在は特異だったと言える。

1935年の第一回アメリカ遠征では、1番打者として109試合に出場、105盗塁という度肝を抜くような記録を残した。ホームスチールもたびたび敢行し、本場アメリカ野球のお株を奪っている。それもこれも、彼の旺盛なショーマンシップと無縁ではなかった。

前項でエース・沢村栄治の「メジャー強奪未遂事件」について触れているが、この田部に対してもメジャーが「強奪」しようとした。この辺りにも、米ドジャースが触手を伸ばした（1961年）長嶋との共通項を見い出せるだろう。

だが、田部の場合、長嶋と違っていたのは、球団上層部への反骨心が旺盛だったことかもしれない。1936年、田部は主将として、浅沼誉夫新監督の更迭、さらに他チームにトレードされた三宅大輔と苅田久徳の復帰を正力松太郎に強く直訴した。これが認められなかったこともあり、同年限りでユニホームを脱ぐ。

わずか2年のプロ生活。以来、彼は「もうややこしいことを考えたくない」と、二度と職業野球に関わることがなかった。

田部の背番号3は、日本で公式戦がスタートした1936年、外野手の中島治康に継承された。それから2年後の1938年秋、中島は打率3割6分1厘、10本塁打、38打点で、史上初の三冠王を獲得（当時は春季と秋季にペナントレースが分かれていた）。メジャーに勧誘された偉大な先輩・田部の意志を受け継ぐ形で、この背番号3を世に誇示している。

もっとも、このプロ野球の黎明期、「スター候補」に背番号3を与えるという風潮は、各チームに浸透していたわけではない。実際、当時の他球団の背番号3を俯瞰《ふかん》しても、球史に名を残す選手はそれほど見当たらない。背番号3の名選手がボチボチ顕れてきたのは、戦後になってからだった。代表的なのが、大下弘や小鶴誠、さらに千葉茂などである。

セネタースから西鉄へと渡り歩いた大下は、プロ1年目の1946年から引退する59年まで「3」を背負っていた（68年の東映監督時代も「3」）。戦後の日本に、空前のホームランブームを巻き起こしたスラッガーである。

1951年には当時の最高打率3割8分3厘をマーク。26本塁打も記録し、1947年に続く二度目の二冠を獲得した。1949年11月19日の大陽（現・DeNA）戦で、史上唯一の1試合7打数7安打をマークしたが、これはひどい二日酔い状態で記録したものだったという。

彼の背番号3は西鉄が一時欠番としていたものの、1968年、中日から移籍してきた広野功に引き継がれ、欠番措置が解除されている。

一方、その美しい打撃フォームから〝和製ディマジオ〟と呼ばれた小鶴誠は、1942年に名古屋中部日本に入団した。その後、大映、松竹と渡り歩き、広島時代の1958年に引退している。背番号3をつけていたのは、大映と松竹に所属していた1949年から52年までの4年間で、まさにこの時期に獅子奮迅の活躍を見せた。

1949年、3割6分1厘の高打率を残し、首位打者を獲得。翌1950年には史上初のシーズン50本塁打以上をマークし（51本塁打）、161打点、143得点、3

76塁打を記録した。この驚異的な打点、得点、塁打は、いずれも今なおプロ野球記録である。

豪打が売り物だったこの小鶴や大下に対して、1938年に巨人に入団し、背番号3を背負った二塁手の千葉茂は、技巧派のいわゆる「職人」だった。1950年、二番打者として当時の史上最多となる105四球をマーク。以後、3年連続でリーグ最多四球を記録した。特に右打ちの技術に長けており、通算96本塁打のうち81本をライトに叩き込んでいる。

千葉の場合、これといったタイトルはない。だが、勇猛果敢なその激しいプレーで、「猛牛」の異名をとった。二塁手として史上最多タイとなる7度のベストナインも受賞しているが、何よりもその親分肌でチームを牽引した。

ユニークなエピソードがある。1946年7月25日の阪神戦。先発・近藤貞雄のコントロールが定まらず、途中から中尾輝三（後に碩志）がマウンドに立った。が、彼もまた輪をかけたノーコン投手。いたずらに追加点を取られるばかりの5回、二塁手の千葉がとうとう痺れを切らした。

「わしが投げたる！」。マウンドに走り寄って中尾からボールをひったくると、8回まで投手を務めてしまった。

この試合、投手・千葉は被安打8の4失点。巨人は2―15の大敗を喫したのだから、千葉のリリーフがなければ、それこそバスケットボール並みの失点を喫していたかもしれない。

新人・長嶋は千葉茂の3番を狙っていた

千葉は1956年、実質15年に及ぶ現役生活にピリオドを打った（兵役による4年間の空白がある）。巨人はその功績を評価し、彼の背番号「3」を次代のスター候補が現れるまで球団預かりとした。

この千葉の大ファンだったのが、他ならぬ長嶋茂雄である。千葉県の印旛郡で草野球に夢中になっていた長嶋少年は、よく後楽園球場の巨人戦に足を運んでは、目に焼きつけた千葉の果敢なプレーを真似したという。

千葉が引退した2年後の1958年、その長嶋が六大学のスターとして巨人に入団。だが、背番号「3」の継承はすんなり決まったわけではない。当時、助監督兼任選手だった川上哲治が、入団契約前の長嶋にこうアドバイスした。

「沢村さんの14が欠番で、僕の16もいずれ欠番になる。だから、君が15をつければ、将来14、15、16と欠番になっていいよ」

このとき長嶋がどんな反応を見せたのか、それは定かでない。川上は球団にも長嶋の「15」を進言した。だが、長嶋が大ファンだった千葉の「3」をひそかに狙っていたのは、おおよその察しがつく。ある日、千葉の許に宇野球団代表から電話が入った。

「今度入団する長嶋に君の3番を譲ろうと思っているが、いいか？」

戦後最高のゴールデンルーキーと騒がれたこの長嶋を、迂闊《うかつ》にも千葉はあまり知らなかった。思わず、口に出た。

「そいつは、俺の半分ぐらいは活躍できるのか？」

「大丈夫だ。おそらく君の半分以上は活躍できるだろう」

「それなら異存はない」

長嶋の「3」が、これで決まった。長嶋はほくそ笑んだに違いない。大袈裟とも言える以下の殊勝なコメントが、彼の「3」への拘泥《こうでい》ぶりをいかにも物語っている。

「伝統ある3番を汚さぬよう、光り輝くような活躍をするつもりです」

長嶋の背番号に憧れ「3」に変更する投手も

この長嶋の登場に、球界初の「3」を背負った田部武雄の姿をだぶらせた往年のファンが、はたしてどれだけいたのか。確かに言えることは、千葉の言葉を借りるなら、長嶋が「自分の半分どころか、倍以上に活躍した」ことだろう。

もっとも、長嶋の偉大さが、首位打者6回、打点王・MVPともに5回、本塁打王2回……という数々の記録以上に、溌剌にして奔放なその存在の煌きにあったことは言うまでもない。

難度の高いプレーを軽々とこなしたかと思えば、ときに笑うしかない凡人以下の言動に走る。その韋駄天ぶりに目を向けても、計4度のランニングホームランに加え、無謀とも思えるホームスチールを平然と成功させた。

陰湿な軍国主義を彷彿とさせる川上巨人の絶対的管理野球の中にありながらも、たしかに彼の存在は飛び抜けてデモクラチックな光彩を放っていた。

2013年現在、背番号3を背負うプロ野球選手は8人。松中信彦（ソフトバンク）、サブロー（ロッテ）など一部を除いて、そのほとんどがスターとは言い難い選手ばかりだが、松中やサブローの存在にしても、長嶋が背中から発した眩いばかりの光彩の、その足元にも及ばない。

文化人類学者の今福龍太は、その論文「美を追った長嶋茂雄」の中で、「伝統的求道者の自己抑圧的な物語から軽々と逸脱するエピキュリアン（快楽主義者）の素養において」、長嶋は戦後日本の高度経済成長期を担った他のスポーツ選手と決定的に違うと、論じている。そのことが同時に、企業の歯車と化した当時の人びとに「現実の自分が無力であり、自分にそれができなければできないほど、奇跡を夢み、その奇跡を実現する全能の自分に憧れる」（精神分析医・小此木啓吾）という自己同一性の陶酔感を与えた。長嶋の「背番号3」とは、まさにその陶酔感を得るための格好な道具に他ならなかった。

しかし、長嶋のプロ入りからV9時代にかけて、他球団の背番号3に目を向けてみると、スターと呼ばれる選手は数えるほどしかいない。晩年の大下弘、さらに安打製造機と言われた大毎の榎本喜八と中日の中利夫ぐらいのものか。

多くのスター候補野手が「3」に憧れ、各球団もその意を汲むようになったのは、むしろ長嶋が引退する1974年前後あたりからだった。これは、長嶋に憧れて野球を始めた、いわゆる団塊の世代が、プロ入りした時期と一致する。

当時の選手で代表的なのが、1975年に「28」から「3」へと背番号を変更した衣笠祥雄（広島）、68年に「51」から「3」に変更した土井正博（近鉄）、66年の入団から79年の引退まで「3」を背負った長池徳士（阪急）、73年に「35」から「3」になった弘田澄男（ロッテ）などである。このうち俊足好打の二番打者として活躍した弘田以外は、球界屈指のスラッガーとして鳴らした。

たしかに、荒川堯（ヤクルト）や藤波行雄（中日）など、入団時から「3」を託されながらも、大成できなかったスター候補もいた。だが、長嶋引退後の背番号「3」の伝統が、巨人以外の錚々たる面々によって受け継がれてきたことは、少なくとも歴史が証明しているだろう。

「入団以来、欲しい背番号でした」と、衣笠は回想している。

「ところが、私がつけた1年前に長嶋さんが引退されてしまった。一緒に『3』をつけることができなかったのが少々残念でした」

面白いのは、投手でありながら、長嶋への熱烈な想いから「3」を希望した有望株がいたことだった。「カミソリシュート」で一世を風靡した平松政次である。ただ、通算201勝もの記録を残した彼も、プロ1年目は3勝4敗に終わったためか、その翌1968年から背番号を投手用の「27」に変更されている。

投手と言えば、あの江川卓も一歩間違えれば、「3」を背負っていたかもしれない。〝空白の一日〟を利用した「江川事件」が勃発したのは、1978年のドラフト前日。国会にまで持ち込まれたこの事件は、コミッショナー裁定によって、「江川は1位指名を受けた阪神に一旦入団した後、巨人にトレードされる」ことで一応の落着を見たが、このとき江川のために阪神が用意した背番号が「3」だったという。江川は例のクールな調子で、こう語っている。

「おそらく僕が長嶋さんを好きだったから、3番にしようということだったのでしょう。話題性でそうおっしゃっていたかもしれませんよ。でも、たとえ3番が好きでも、それがピッチャーに合う番号かどうかはわかりませんけどね」

神聖な背番号を印象づけた復活劇

時代が進むにつれて、背番号「3」における長嶋色は、しだいに薄くなっていく。これは、清原和博や立浪和義といった高校球界のスターが、鳴り物入りでプロに参戦。「3」のユニホームを纏って、数々の名勝負や記録をファンに見せつけたことと無縁ではない。

1996年、ドラフト2位でダイエー（現ソフトバンク）に入団し、「26」番を与えられた松中信彦は、2000年から背番号「3」を背負った。その後、三冠王を獲得するなど、球界屈指のスラッガーに成長。松中は自身の背番号「3」について、こう口にしている。

「アトランタ五輪では、背番号3を背負って全日本の四番を務めた。そのときのイメージが自分の中で強いんです。キューバとの決勝戦では同点満塁弾を放ったりして、結局銀メダルでしたが、あれからプロにも注目されるようになりましたから」

「長嶋茂雄」ではなく、アトランタ五輪での「活躍」。これが、松中の中で喚起される「3」のイメージである。本編冒頭で説明した「レスポンデント条件づけ」が、ここにも見て取ることができるだろう。

だが、長嶋色が薄れつつあった当時にしても、やはり長嶋の「背番号3」が特異な光彩を内在化させていたことに変わりはない。

1994年、三冠王3回の実績を引っ提げて、落合博満が中日から長嶋巨人に移籍してきた。1979年のロッテ入団から一貫して「6」の背番号を使用してきた落合は、ここでも「6」を密かに希望したと言われている。結局、「6」をつけていた篠塚和典の気持ちを推し量り、その譲渡は見送られたが（同年オフの篠塚の引退で、落合に「6」が継承された）、このとき長嶋監督が「僕の3を落合に譲ってもいい」と発言。周囲を慌てさせたことは記憶に新しい。

仮に、落合が長嶋の言葉に甘え、その永久欠番を譲り受けていたらどうなったか。落合が野球ファンの大バッシングを受けていたことは、容易に想像がつく。長嶋の「背番号3」とは、それほど神聖なものだった。

その象徴とも言える出来事が、2000年2月、巨人軍の宮崎キャンプで巻き起こった。当時の長嶋監督が、広島から獲得した江藤智に自分の背番号「33」を譲り、自らは永久欠番の「3」を復活させると公言したことによる大フィーバーである。

「(3番は)近い将来お見せしますよ」

演出効果を狙ったのか、長嶋はグラウンドコートで「3」を隠し続けた。キャンプには連日夥しいファンが訪れ、報道カメラマンと言えば、「その瞬間」を狙うべく、息を潜めてレンズを向け続けた。

5万5000人ものファンが集まり、フィーバーが絶頂に達した2月12日の午後2時34分、長嶋監督がグラウンドコートを脱ぎ捨て、ついに栄光の背番号を披露する。その瞬間、5万人超のファンから地鳴りのようなどよめきが沸き起こり、夥《おびただ》しい数のシャッター音が球場にこだました。この異様な光景に対して、評論家の豊田泰光は皮肉を込めて、こう手記に書き綴っている。

「マスコミはパ・リーグなんかほったらかしだ。巨人の3番をつけた人が、いつグラウンドコートを脱ぐか、それしかプロ野球の話題はないみたいな扱い方です」

だが、このファンを巻き込んでの「バカ騒ぎ」も、長嶋の「栄光の背番号」がいかに多くの人びとの萎えかけた陶酔感を喚起させたかという意味において、単に25年ぶりに「3」が復活したということ以上に、大きな意味を持っていたのだろう。

そこには、同じ背番号「3」を背負った衣笠や立浪、清原、さらに晩年の日本ハム時代に「3」をつけた落合でさえも、とうてい太刀打ちできない崇高な威厳が漂っている。

2000年宮崎キャンプで、復活した「3」をお披露目。どの日に披露するのか、ファンやマスコミをやきもきさせた。

FILE 3

阪神の球団史上、永久欠番はわずか3人——

監督退任の交換条件となった吉田義男「23」の永久欠番

現役時代の吉田は「今牛若丸」と称される名手だった。

吉田義男はたしかに名選手だった。だが、現役時代に吉田以上の実績を残しながら、永久欠番の候補にすらならなかった選手は数知れない。吉田が永久欠番となったのは、球団の“御家騒動”と無関係ではなかった。

村山実との確執で現役を引退

２０１３年現在、阪神の永久欠番選手は、藤村富美男、村山実、吉田義男の３人。その第一号は、「初代ミスター・タイガース」の藤村富美男である。

吉田義男が１９５３年、立命館大を中退して阪神入団を決めたのは、その藤村から「君なら絶対プロで大成できる」と太鼓判を押されたからだという。つけた背番号は「23」。吉田はこう振り返っている。

「『何番がいいか』という話もなく、球団から23を与えられました。僕は何番でも良かったし、23はわりと縁起のいい数字やなと思った」

ただし、吉田は身長わずか１６７センチ、体重56キロの小兵。同じく獲得を画策していた阪急の浜崎真二監督は、そのことを聞いた途端、「そんなチビいらんわ」と、早々と争奪戦から撤退したと言われている。

その「チビ」が阪神に入団すると、いきなりレギュラーポジションを獲得した。俊足好打、何よりも好守の遊撃手として、「捕るが早いか投げるが早いか」の閃光のような美技で、やがて「今牛若丸」と呼ばれるようになった。

こんなエピソードが残されている。守備が苦手な一塁手の遠井吾郎が、その俊敏さにすっかり困惑。「もう少しゆっくり放ってください」と懇願したところ、吉田は無走者にも拘らず、わざわざ二塁手の鎌田実に送球、併殺プレーのような形で一塁へと転送してもらったという。

その俊足で2度の盗塁王も獲得した（1954、56年）。打撃もしぶとく、1964年には179打席連続無三振のプロ野球記録（当時）を樹立。打率も自己最高の3割1分8厘をマークし、阪神の2年ぶりの優勝に貢献した。400勝投手の金田正一は、最も苦手な打者として、この吉田の名前を挙げている。

1969年、兼任コーチに就任。しかし、同年オフ、投手の村山実が兼任監督になると、球団から引退を勧告された。球団を分裂させるほどの確執が、村山との間であったからとされているが、このとき戸沢一隆代表からこう言われたという。

「君の後継者にふさわしい人材が出てくるまで、23を欠番にしておくから」

吉田はひとまず準永久欠番選手として、17年の現役生活にピリオドを打った。

名手・三宅ですら候補にならなかった

この時点で、吉田の「23」が永久欠番にならなかったのは、何の不思議もない。彼の同世代には、錚々たる顔ぶれが揃っていた。投手陣には通算320勝の大エース・小山正明。打撃陣にはその小山との交換トレード（1964年）で大毎から移籍した山内一弘や遠井吾郎、藤本克巳などもいた。守備に目を向けても、三塁手の三宅秀史や二塁手の鎌田実といった球界屈指の職人が名を連ねている。

特に三宅の守備は、吉田のそれ以上に華麗だったとする声もある。セ・リーグ審判員だった柏木敏夫（故人）に、こんなエピソードを聞いたことがあった。

「三宅のプレーを見たら、今の選手はママゴトやっているようなもんですわ。ある試合で、阪神の守備で走者一、二塁という場面があった。で、バッターが三塁線に強烈なゴロを放って、三宅がダイビングしたんです。誰もが抜けたと思うような鋭い当りでね。見ると、三塁塁審の滝野（通則）さんが、レフトのほうを見て『フェア！』とやっている。ところが、レフトから返球がない。さすがに、滝野さんも『アレ？』と思ったみたいやね。

実は、三宅がダイビングキャッチしてたんですわ。滝野さんが『フェア！』とやっている間に、三塁ベースにタッチして、二塁だったか一塁に送球してダブルプレーが完了していたんです。それこそアッという間のプレーで、滝野さんは見てないから、三塁のジャッジはできない。球審が駆け寄って『アウト！』とやってましたわ。滝野さんは決して下手な審判ではなく、我々から見ても、うまい審判でしたな。それが、外野を見て『フェア！』とやるんだから、どれほど三宅のプレーが凄かったか……」

その三宅の背番号「16」は、永久欠番になっていない。いや、三宅だけではない。小山の背番号「6」と「47」、遠井の「24」も……。

では、この錚々たる顔ぶれの中で、なぜ吉田の「23」だけが、後に準永久欠番から永久欠番に格上げされたのか。しかし、その前に、阪神における吉田以外の永久欠番選手2人について、少々触れておく必要がある。

孤軍奮闘した初代ミスター・タイガース

冒頭に書いたように、阪神の永久欠番第一号選手は、初代ミスター・タイガースの藤村富美男。背番号は「10」である。藤村は職業野球が開催された1936年、呉港中から阪神（大阪タイガース）に入団した。1年目からエース兼6番打者でチームを牽引し、4月29日の金鯱戦では初登板完封勝利を挙げている。が、肩を壊して1938年頃から打者に専念するようになる。

若林忠志、景浦将、松木謙治郎なども在籍したこの時代、阪神は巨人との猛烈な覇権争いを繰り広げていた。8チーム（その後9チームに）が参加した1937年春のリーグ戦は、巨人に次ぐ2位。秋はその巨人を2位に従え、優勝を遂げた。

翌1938年春も優勝、同年秋と翌39年（この年からシーズン制）、40年と巨人に次ぐ2位。その後はやや低迷したものの、1944年には巨人に8ゲーム差をつけて覇権を取り戻した。この年、藤村は打点王を獲得し（35試合で25打点）、3割1分5厘の打率を残した。その藤村の存在が一躍クローズアップされたのは、むしろ終戦を迎えてからだった。

若林忠志、別当薫、土井垣武などの主力が他球団に引き抜かれたことで、阪神の戦力は見る影もなく衰退していた。

終戦早々の1945年秋、その阪神に兵役を終えた藤村が戻ってきた。同11月23日の東西対抗戦で、戦後初の本塁打となるセンターオーバーのランニングホームランを記録。翌1946年、プロ野球が再開されると、監督兼任として、孤軍奮闘チームを牽引した。

同年、肩の故障を押して自ら23試合のマウンドに立つと、13勝2敗をマーク。主砲としても3割2分3厘の高打率を残した。

藤村が球界屈指のスラッガーへとのし上がるのは、この辺りからである。川上哲治の「赤バット」、大下弘の「青バット」に対抗して、38インチ（97センチ）の長尺バットを振り回した。このバットは「物干し竿」と呼ばれた。

1947年から3年連続の打点王獲得。1949年には46本塁打、142打点と2冠に輝いた。打率は3割3分2厘で、大映の小鶴誠が3割6分1厘の驚異的な打率を残さなければ、あわや3冠王という勢いだった。

この年、阪神は6位に甘んじたが、藤村は最優秀選手に選出された。本来は優勝チームから選ばれるだけに、まさに異例の評価だった。その後も藤村は、2度目のサイクル安打や、監督兼任として代打逆転サヨナラ本塁打を記録するなど、自らの存在を強烈にアピールして、1958年に現役生活に終止符を打った。

80年近くに及ぶ阪神の歴史で、背番号「10」を背負ったのは藤村しかいない。その藤村の「10」が永久欠番となったのは、引退直後の同年11月のことだった。監督兼任時代には、ナインによる「藤村排斥運動」の当事者になるなど、阪神伝統の「御家騒動」の原型を形づくった。しかし、この球団による背番号「10」の永久欠番措置は、戦後の最も苦しい時代に、藤村がたびたび監督兼任として孤軍奮闘チームを引っ張り、Aクラス入りを確保してきたことと無縁ではない。

一方、他球団に引き抜かれた若林や別当は、阪神で永久欠番候補にも挙がらなかった。「裏切り者」の烙印を押されたからだという。

このこともまた、藤村の大功労者としての評価を高めた要因だったのかもしれない。

「11」の不吉なジンクスを撥ね返した村山

この藤村の「10」が永久欠番になってから14年後、阪神に二つ目の永久欠番選手が誕生した。「ザトペック投法」の村山実である。村山は1959年、藤村と入れ違う形で、関西大学から阪神に入団した。大学野球選手権の優勝投手である。

村山が選んだ背番号は、空き番の「11」だった。だが、これはいわくつきの番号だったという。それまで「11」をつけた選手が、故障や体調悪化などで軒並み不遇な現役生活を送り、チーム内で「不吉な番号」と囁かれていたからである。村山の大学の先輩で、背番号「11」の三代目だった御園生崇男も、村山の説得に当たった。

「わしがつけていた15をやる。だから、11だけは絶対つけるな」

御園生は1936年の入団から「15」を背負っていた。が、1950年に「11」に変更してから体調が一気に悪化。翌1951年に「15」に戻したものの、同年限りで引退した。以後、1958年までのコーチ時代を「15」で過ごしてきた。

しかし、その先輩の老婆心をよそに、村山は「僕は昭和11年の生まれなので、11に拘りたいんです」と、そのまま「11」のユニホームを身にまとった。

はたして、村山のポジティブな拘りは入団1年目から数字として表れる。この年、いきなり18勝（10敗）、防御率1・19をマーク。プロ3年目の1961年は24勝、2リーグ制後初の優勝を飾った62年には25勝を挙げた。

阪神が2年ぶりのV奪回を成し遂げた1964年は22勝。以後、3年連続の20勝以上をマークし、監督を兼任した1970年には、規定投球回数以上での戦後最高の防御率0・98を残した。

だが、村山の存在の凄みと言えば、その記録以上に数々の名勝負を残したことかもしれない。特に巨人戦には闘志を燃やした。長嶋茂雄にサヨナラ本塁打を打たれた天覧試合の対決は、あまりにも有名である。その長嶋を終生のライバルとし、1500奪三振と2000奪三振を長嶋から奪った。

1972年、通算222勝、防御率2・09を残して引退。彼の背番号「11」は、すかさず永久欠番となった。村山は「不吉な番号」を「栄光の番号」に変えたと言われる。だが、現役時代の彼の姿に、終始悲壮感が漂っていたことも否定できないだろう。「あれはファウルだった」と終生訴え続けた天覧時代での被弾。晩年はフォークの多投で指先の血行障害に苦しみながらも、鬼気迫る投球を貫いた。自信の投球をボールと判定されたことで、涙ながらの猛抗議をして、退場処分を受けたこともある。そして、最初の夫人のあまりにも不幸な死……。

「11」はやはり、不幸の番号だった――。そう結論づけることは、早計すぎるか。

引退後の村山は、サインを求められると、必ずこう書き入れたという。

「永久欠番11」――。

現役引退から18年経っての永久欠番

前出の吉田義男の「23」が、準永久欠番から永久欠番へと昇格したのは、その村山から遅れること15年、1987年10月のことだった。

吉田が阪神の2度目の監督に就任したのは、「ダメトラ」ぶりがすっかり定着した1985年のことである。1964年のリーグ優勝以来頻発してきた「御家騒動」。その間、監督は9回も代わり、多くのスター選手もチームを去っていた。

「81」の背番号を背負った吉田が、この弱体球団のスローガンに掲げたのは「3F野球」。チーム一丸野球を目指すべく、「フレッシュ、ファイト、フォア・ザ・チーム」の頭文字から名づけたものだった。攻撃力重視で失敗した前回の監督時代（1975～77）の反省を踏まえてのものである。

ところが、いざ蓋を開けてみると、阪神打線は開幕から猛打を爆発させた。特に3番・バース、4番・掛布、5番・岡田のクリーンアップの破壊力は抜群で、巨人戦でのバックスクリーン三連発はいまも語り草になっている。

21年ぶりの優勝を決めた10月16日のヤクルト戦では、舞台が神宮球場にも拘らず、試合前から1万2000人のファンが長蛇の列をつくった。

この試合の関西地区での視聴率は57%。優勝決定時のそれは74・6%を記録した。そして、その勢いのまま、「管理野球」の西武を下して日本一の栄誉も勝ち取る。この快挙で吉田は一躍「名将」に躍り出た。現役時代も含めて、彼が最も輝いた時期だったかもしれない。

しかし、翌年から阪神は一転して「ダメトラ」に逆戻りする。得意の御家騒動も勃発した。リーグ3位に甘んじた1986年は、投手の起用法を巡って、吉田監督と米田コーチが対立。米田は退団した。翌1987年も采配面の食い違いで竹之内コーチが退団し、バースは雑誌インタビューを通して痛烈な監督批判を展開した。

これらに同調するように、マスメディアも一斉に吉田バッシングに走った。そして、最下位に終わったこの年限りで、吉田は追われるように阪神を去る。

その吉田の現役時代の「23」が、なぜか永久欠番になった。だが、この球団決定はある意味、単純明快である。吉田はこう振り返っている。

「87年に会社から『退け』と言われたとき、『23番を永久欠番にする』と言われました。現役時代より85年の優勝の功績のほうが大きかったということでしょう。現役時代から18年も経って少しおかしな感じもしましたけど、光栄なことです」

以来、阪神から永久欠番は生まれていない。2年連続の三冠王に輝き、3割8分9厘のシーズン最高打率を残したバースは、契約上のもつれで、1988年のシーズン途中でチームを去った。藤村同様「ミスター・タイガース」の称号を得た掛布雅之は、1987年に飲酒運転の現行犯で逮捕。久万オーナーから「欠陥商品」と罵倒され、その翌年、失意のうちにユニホームを脱ぐ。

前出の小山正明や江夏豊、田淵幸一などのトレード組の背番号が、永久欠番の恩恵から除外されたのなら、負のイメージを背負ったバースの「44」や掛布の「31」が、その選考から漏れたとしても不思議はなかった。ましてやバースは、チーム生え抜きではなく、1人の「助っ人」にすぎない。

一方、上記の3人の永久欠番選手はどうか。藤村は最も苦しい時代のチームの牽引者として、村山はV9時代の巨人に敢然と立ち向かったエースとして、さらに吉田は猛烈な阪神フィーバーを全国に巻き起こした名将として、それぞれが時代の寵児に祭り上げられた。

単なる名プレイヤーが条件ではない。この時代性とのマッチングこそが、阪神の永久欠番の背後に厳然と横たわっている。

FILE 4

中日の永久欠番「10」と「15」

草創記を支えた二刀流の2人――杉下茂の威光が球団史を動かす！

満塁本塁打シーズン５本の日本記録を持つ西沢道夫。

立浪和義の永久欠番問題でクローズアップされた、中日の永久欠番。球団史上、永久欠番はたった２人。現在のプロ野球ファンには馴染みの薄い選手だ。なぜ、球団はこの２選手のみに永久欠番を与えたのだろうか。

立浪の欠番を阻止した落合の横やり

２００９年オフ、22年の現役生活にピリオドを打った中日・立浪和義に対して、「背番号3を永久欠番に」というファンの嘆願運動が沸き起こった。「ミスター・ドラゴンズ」と呼ばれたその経歴から鑑みて、ある意味自然な成り行きだったのかもしれない。

立浪は１９８７年、ドラフト１位でＰＬ学園から中日に入団。高卒ルーキーとして球団史上初の開幕戦フル出場（遊撃手）を果たし、星野ドラゴンズのリーグ優勝にも貢献した。

プロ３年目の１９９０年は、打率３割０分３厘、１５５安打。１９９４年には二塁手として連続無失策記録を７１２イニングまで伸ばし（当時のセ・リーグ記録）、後の史上初となる３ポジション（遊撃、二塁、三塁）でのゴールデングラブ賞受賞への下地をつくっている。

１９９６年、自己最高となる打率３割２分３厘をマーク。翌１９９７年８月22日の阪神戦でサイクル安打を達成し、99年にはチーム最多の勝利打点でリーグ優勝の立役者になった。２００２年、06年と、二度にわたるサヨナラ満塁本塁打を記録。２００

5年には阪急・福本豊の通算二塁打449の日本記録を抜き、引退までに記録を487まで伸ばした。

中村紀洋が加入したこともあり、2007年からは主に代打出場になったが、今度はいきなり代打の年間最多出場記録を樹立。切り札として中日の日本一に貢献したのは記憶に新しい。最終的に球団記録となる2480安打も残した。

その立浪の背番号3を永久欠番にしようとする動きが、球団内部からではなく、ファンから出た。このことは、その記録以上に、彼が中日の「顔」として、ファンに認知されていた証左に他ならない。

2009年11月23日、引退したばかりの立浪を労う会が、東京のグランドプリンスホテル新高輪で行われたが、2万円の会費にも拘らず、500人のファンが全国から駆けつけている。

永久欠番の嘆願運動では、瞬く間に8万人を超える署名が集まった。その声に押されて中日が立浪の「3」を永久欠番措置にするのも、もはや時間の問題と見られていたが……。

ここで思わぬ横やりが入る。しかも、身内から。その張本人こそ当時の監督・落合博満だったという。

同年11月5日、落合監督はリーグ2位に終わったシーズン報告を兼ねて、白井オーナーを訪ねた。その席上、彼は「立浪の3は欠番にする必要がないでしょう」と先手を打った後、こう進言したとも言われている。

「背番号3は森野に継がせるつもりです」

森野が辞退するも「3」はPLの後輩へ

身内であるはずの落合が、立浪の永久欠番を潰そうとした……。これは、うがった見方かもしれない。しかし、その背景に、落合の背番号への拘りがあったことだけは確かである。

現役時代の落合は「6」に執着した。巨人に移籍した1994年は篠塚和典が同番を背負っていたため「60」にしたが、同年オフ篠塚が引退すると、すかさず「6」を譲り受けた。2004年の中日の監督就任時は、井端弘和が「6」をつけていた関係で、以後「66」を自らの背番号としている。

だが、彼の背番号への拘りは、選手のそれにまで及んだ。監督就任後は16選手の背番号を一新した。「7」の谷繁元信に対しては「捕手に相応しくない」と、森昌彦（祇晶、巨人）、古田敦也（ヤクルト）、伊東勤（西武）など名捕手がつけていた「27」

に変更。成長著しい森野将彦の背番号を「16」から「8」、さらに2006年からは「31」にした。これは、同じ左のスラッガーでミスター・タイガース、掛布雅之の「31」にあやかったものだとされている。

選手の背番号まで変更するその〝強権力〟が、上記のオーナー報告の席上でも発揮されたのは、立浪にとって不幸なことだった。

落合の進言を受けて、球団は「3」を森野に継承させることを了承した。森野も一旦はそのつもりでいたが、予想通り勃発したのが、立浪の「3」を永久欠番とするべく活動していたファンの大反発である。

森野が「3」の継承を辞退したことで、ファンの怒りはひとまず収まったものの、この落合の球団幹部への進言に対しては、落合と決して良好な関係ではなかった立浪も、さすがに怒りを露わにしたという。プロ球界に身を置いた者にとって、最高の栄誉でもある永久欠番措置。その機運に横やりを入れられたのだから、たしかに立浪の怒りも頷ける。

上記の一件で、落合と球団は立浪ファンのバッシングに晒された。いわく、「球団が雇われ監督の意見を重視するのはおかしい」「自分の背番号がロッテでも中日でも永久欠番になっていないことへのやっかみだ」……云々。

結局、森野の要望もあり、中日は背番号「3」を欠番扱いにした。この時点で、

「欠番」の頭に「永久」の二文字がつく可能性は、まだ残されていた。

しかし、立浪の淡い期待は、まもなく裏切られる。2011年、球団が立浪のPL学園の後輩・吉川大幾に「3」を与えた。立浪と立浪ファンの永久欠番への切なる思いは、こうしてひとまず諦観《ていかん》の彼方へと消えた。

杉下茂ですら永久欠番を与えられず

それにしても、落合はなぜ、ファンの思いを無視し、立浪の永久欠番〝阻止〟に走ったのか。ここでは、勝手ながら落合の真意を代弁する必要もあるだろう。

中日には永久欠番選手が2人しか存在しない。それもかなり古い選手で、1920年生まれの服部受弘の「10」と1921年生まれの西沢道夫の「15」である。

今のファンにこの2人を知る者が、はたしてどれだけいるのか。確かに言えることは、中日には彼ら以外にも永久欠番の恩恵に値する名選手が、多数在籍していたことだろう。伝説のフォークボーラー・杉下茂、立浪に抜かれるまで通算最多安打の球団記録を持ち、盗塁王3回にも輝いた高木守道、通算2057安打・首位打者3回の江藤慎一、通算2062安打・首位打者2回の谷沢健一などが、その顔ぶれである。

中でも1949年に入団した杉下の活躍には目覚ましいものがあった。「魔球」フォークボールを引っさげて、1954年に32勝をマーク。チームをリーグ初優勝に導いただけでなく、日本シリーズでも日本一に導く3勝を挙げ、球団初の同シリーズMVPに輝いた。1955年の国鉄戦では金田正一との投げ合いで、ノーヒットノーランも達成している。

わずか11年の現役生活で通算215勝、最多勝2回、沢村賞3回……。偉大な記録を残したこの杉下の背番号「20」が、なぜか永久欠番になっていない。それに対して立浪は、二塁打の日本記録は持っているものの、盗塁や打撃三部門の主要タイトルとは無縁の現役生活を送ってきた。

「主要タイトルのない立浪の3は、永久欠番に値しない」――。3度の三冠王など数々の大金字塔を打ち立て、しかも自らは永久欠番の恩恵に浴していない落合が、こう思ったとしても無理はなかった。

たしかに、永久欠番が球団評価のバロメーターとするならば、前出の西沢と服部の2人は、立浪や杉下以上に評価されていたことになる。落合だけでなく、昔を知らない昨今のファンが小首を傾げるのは、むしろ当然のことだったのだろう。

では、西沢と服部はいったいどんな選手だったのか。

投手として伝説を残した西沢道夫

西沢道夫は１９３６年12月、中日の前身・名古屋軍にわずか15歳で入団した。その経緯がいかにも時代の鷹揚《おうよう》さを感じさせる。

名古屋軍は創設されたばかりだった。海のものとも山のものともわからない当時の職業野球にあって、各球団は選手集めに四苦八苦したが、名古屋軍もその例に漏れることがなかった。

同年１月、新人の募集をかけたところ、素人に毛の生えた程度の40人ほどが集まった。４人が入団テストにパスしたが、その中の１人は槍投げの選手という有様である。これでは戦力の補強になるはずもなく、球団は同年12月にも新人テストを行った。

このときテストを受けた１人が、一介の野球少年にすぎなかった15歳の西沢だった。名古屋の総監督・河野安通志と西沢の父親が知り合いだった縁故によるものである。

当時の西沢はすでに１７３センチの長身（後に１８２センチ）。大リーグの豪快な野球を目指していた河野総監督は、成長途上にあるその肉体に目を見張った。だが、獲得の決め手となったのは、やはり投手としての将来性だったという。

こうして、西沢少年は養成選手（練習生）として名古屋軍に入団した。早々から

「文ちゃん」と呼ばれ、ナインにも可愛がられた。これは、当時の巨漢人気力士・出羽ヶ嶽文治郎にあやかってつけられた彼の愛称である。

　だが、養成選手だったこともあり、入団当初、西沢の背番号はなし。翌1937年春のリーグ戦でようやく「14」をもらったものの、試合に登場することはなく、ひたすらボール拾いなどの雑用に明け暮れた。同年秋、背番号が「5」に変更。それも束の間、翌1938年春には「17」に切り替わった。この春のリーグ戦で、16歳の西沢は3勝4敗の成績を残している。

　西沢が才能の片鱗を見せたのは、この年の夏。名古屋金鯱軍と帯同し、八王子球場でオープン戦を行ったときだった。この試合、先発のマウンドに立った西沢は、金鯱のエース・古谷倉之助に投げ勝ち、2―1の完投勝利を収めた。

　この頃から西沢は急速にのし上がっていく。同年秋のリーグ戦は3勝に留まったが、1939年に6勝をマーク。翌1940年には一気に20勝をマークし、名実ともに名古屋軍のエースにのし上がった。

　1942年7月18日の阪急戦でノーヒットノーランを達成。しかし、圧巻と言えば、その2か月前、5月24日の後楽園球場での快投に尽きるだろう。当時は同一球場での3試合開催が当たり前で、午前11時7分から名古屋VS朝日、午後1時から大洋VS巨人、そして同2時40分から名古屋VS大洋が行われた。

気の遠くなるような投手戦が演じられたのは、この第3試合だった。名古屋・西沢、大洋・野口二郎の先発で始まった試合は、7回まで4－2と大洋がリードしていたが、9回表の土壇場に名古屋が同点に追いついた。

ここから西沢、野口による投手戦は、さらに緊迫する。延長に入ると、スコアはゼロ行進を続けた。野口の球数が300球を超えた26回表、名古屋は投手・西沢の右中間二塁打で、一塁走者が本塁突入を試みたが憤死。27回裏、今度は大洋の選手が本塁で憤死した。

結局、試合は決着がつかず、28回が終了した午後6時27分、日没ゲームセットとなった（延長28回は、いまも世界記録）。スピーディな展開を物語るように、試合時間はわずか3時間47分。西沢は311球、野口は344球も投げた。

しかも、同日の前の試合を含めると、名古屋は38イニング、大洋は37イニングをたった一日で闘ったことになる。文字通りの死闘を演じたが、その主役こそが野口であり、西沢だった。

だが、西沢のドラマは、まだ始まったばかりだった。当時の背番号は「17」。彼が後の永久欠番「15」を引っさげて鮮やかな転身を見せるのは、もう少し先のことである。

球団史上初の100勝投手・服部受弘

服部受弘が日本大学から捕手として名古屋に入団してきたのは、西沢がエースへの階段を駆け上がっていた1939年のことだった。

結論から先に言えば、この服部と西沢の共通項は、いずれも野手と投手で実績を残したことである。ただ、コロコロと5回も背番号が変わった西沢に対して、服部は一貫して「10」の背番号を背負ってきた。捕手は「10」以降をつけるという当時の慣例に倣ったものだが、背番号「10」の歴史をひも解くと、これは阪神の藤村富美男や近鉄の加藤秀司（英司）、さらに広島時代の金本知憲など球界を代表するスラッガーに顕著な番号でもある。そういう意味で、後に投手としても大成する服部の「10」は、少々異質な永久欠番という側面を持つかもしれない。

服部が強肩強打の捕手としてマスクをかぶったのは、入団1年目の1939年からである。1941年には77試合で8本塁打し、本塁打王のタイトルを獲得した。この年に記録した四球は34。彼の長打力がいかに相手チームに怖れられていたかの一端を垣間見ることができる。

しかし、チームの主軸打者に躍り出た矢先の1942年、服部は戦地に駆り出され、近衛砲兵隊に所属する。この応召が彼の野球人生に大きな転換をもたらせた。

戦地から戻った服部は、職業野球が再開された1946年、一旦は阪急に籍を置いた。が、球界全体がいまだ選手不足に喘ぐ中、名古屋がせっかく育てたこの逸材を放っておくわけもなかった。交渉の末、すぐに名古屋に舞い戻った。このとき、投手力不足に悩む名古屋の竹内愛一監督が、服部に投手兼任を持ちかけた。その強肩を買ってのことである。

ここからの活躍がまた、目覚ましい。同年、14勝をマーク。翌1947年から2年連続で16勝を挙げると、49年にはチーム最多の24勝。1950年にも杉下の27勝に次ぐ21勝をマークした。今でいうカットボールは、この服部が編み出したものだと言われている。

しかし、服部の活躍の場はマウンド上だけでなかった。登板しない日は捕手を務めたり、代打で打席にも立った。中でも1952年8月12日の巨人戦では、エースの別所毅彦から球団初となる代打逆転満塁本塁打を放ち、しかも、リリーフで勝利投手になるという離れ業を演じた。まさに孤軍奮闘、獅子奮迅の働きである。

1953年以降は力が衰え、名古屋が日本一になった54年はわずか6勝に終わったものの、55年の引退までに通算112勝65敗の成績を残した。

球団史上初となる通算100勝達成投手という栄誉もさることながら、投手歴わずか10年でのこの勝ち星は、賞賛に値するだろう。だが、服部の背番号「10」はただちに永久欠番になったわけではない。

打者・西沢がプロ野球記録の5満塁弾

一方、西沢のほうはどうなったのか。1942年の延長28回の完投が祟ったのか、彼はその後、肩の不調を訴えた。同年わずか7勝、翌1943年も9勝に終わったが、44年に兵役にとられたことで、肩はさらに悪化する。

1946年に復員して、中部日本と名称を変えていたチームに合流したとき、西沢の肩はもはや使い物にならなくなっていた。待っていたのは、ベンチウォーマーとしての役割だった。加えて、杉浦清が新監督に就任してからというもの漂い始めたチーム内の不協和音。すっかり嫌気がさした西沢は、一時は引退も考えた。野球評論家の故・大和球士によれば、この頃の西沢にはなぜか「打者転向は簡単に許されない」という考えがあったという。

そこに、新球団の金星（ゴールドスター）からお呼びがかかった。西沢の獲得を金星球団に進言したのは、金星の設立とともに職業野球に復帰した外野手の坪内道典だった。1936年の東京巨人軍結成時の選手で、もはや重鎮とも言えるベテランである。この坪内が「打者として再生させる」と約束したことで、西沢は金星に移籍した。1946年シーズン途中のことである。

金星に移った西沢は心機一転、今度は背番号「23」を背負った。同年、一塁手として34試合に出場し、まずまずの成績を残した。1947年は118試合出場（打率2割6分5厘、57打点、8本塁打）。背番号が「15」に変わった翌48年には130試合に出場した（打率2割6分0厘、60打点、16本塁打）。

しかし、徐々に大打者としての片鱗を見せていく西沢に、中部日本転じて中日ドラゴンズと名称を変えていた古巣が、黙っているわけもなかった。1948年オフに天知俊一が監督になると、西沢の中日復帰を望む声が、チーム内外から噴出した。そして1949年、その声に呼応するように、西沢は大恩人である坪内も移籍することを条件に、古巣へと舞い戻ってくる。契約があってなきに等しい時代だからこそ、可能な移籍だった。

背番号は金星最後のシーズンに背負った「15」をそのまま つけた。西沢が本当の意味でその存在感を誇示したのは、むしろここからだった。

古巣復帰1年目、クリーンアップを担った西沢は、打率3割0分9厘、37本塁打、114打点をマーク。25試合連続安打も記録し、いきなり打撃を開眼させた。2リーグ制が始まった翌1950年は、新人の杉下茂との投打の両輪で、チームの2位躍進にも貢献した。

この年、西沢は打率3割1分1厘、46本塁打、135打点と最高の成績を残した。同年に記録した5本の満塁本塁打は、現在もプロ野球最多である。が、元同僚の松竹・小鶴誠が、プロ野球初の50本塁打以上（51本塁打）、いまもプロ野球記録となっている161打点をマークしたため、惜しくもタイトルを逃す。

西沢はそのときの悔しさをこう吐露している。

「46本のホームランを打ちながら、残る8試合を日本選手権のために打ち切られて……。小鶴君の51本を追い越す自身があったんだけどなあ」

それから2年後の1952年、西沢は打率3割5分3厘、98打点で二冠を獲得する。242塁打もリーグトップで、彼は名実ともに球界を代表するスラッガーに躍り出た。

1954年の中日のリーグ制覇、日本一達成は、この西沢と32勝をマークした杉下の活躍によるところが大きい。この年、西沢は打率3割4分1厘、80打点、さらにリーグ最高となる254塁打をマーク。大下弘や中西太を擁するなど、打撃力に勝る西鉄相手の日本シリーズでは、2戦目に0―0の均衡を破る右中間本塁打を放つと、2勝2敗で迎えた5戦目でも高熱を押して打点と得点を稼ぎ出した。

しかし、この年を最後に、西沢は緩やかに調子を落とし、「主役」の座から遠ざかっていく。1956年、選手兼任で助監督に就任。1958年にはコーチを兼任し、この年限りで実質20年の現役生活にピリオドを打った。打者としての通算成績は、打率2割8分6厘、212本塁打、940打点。投手としてのそれは、60勝65敗、防御率2・23――。

〝文ちゃん〟こと、西沢のスタイリストぶりは、球界随一だったと言われている。「汚れたユニホームは嫌だ」と、選手時代は一度もスライディングをしなかったという。一方で、ロマンチストな部分も持ち合わせていた。現役後半の11年間、一貫して身に着けた背番号「15」。

「妻と出会ったのが昭和15年だったからね」

西沢本人の述懐である。

杉下の推挙により永久欠番が決定

前出の服部受弘がユニホームを脱いだのも、奇しくも西沢の引退した年だった。大投手の杉下が一時引退して中日の監督を務めたのは、2人が引退した翌1959年のことである。この杉下が監督として発言力を増したことと、西沢と服部の背番号の永久欠番措置は無関係ではない。

黎明期の中日を共に生きた杉下にとって、この2人の存在はあまりにも大きかった。手薄な投手陣の中で奮闘する杉下を、服部は打撃で援護するだけでなく、投手としても十分に助けた。一方の西沢と言えば、杉下入団前の中日をその剛腕で支え、杉下が入団してからは打撃で牽引した。

投打で活躍した服部が、プロ野球唯一の本塁打王と通算100勝以上を記録した稀有な選手なら、西沢もまた投手としてシーズン20勝、打者として40本塁打以上を記録した稀有な存在だったことに変わりはない。そして、「二刀流」によって戦力構築の一翼を担ったこの2人の存在が、監督としての重責を任された杉下の目に、より眩しく映ったとしても何の不思議もなかった。

1959年3月、まず西沢の背番号「15」が永久欠番になる。それから1年後の1960年3月、今度は服部の背番号「10」が永久欠番になった。いずれも、杉下の推挙による球団決定だったと言われている。

2人はその後どうなったか。

引退後、服部は中日のコーチ、スカウトを歴任し、解説者も務めた。第一期プロ野球ニュースの解説に転じ、1991年12月6日、心不全のため死去。享年、71歳だった。

西沢は1963年、中日のヘッドコーチに就任。翌1964年から67年まで監督を務めたものの、ラジオ解説をしていた71年9月、脳血栓で倒れ、一転して不遇の身に追いやられる。それから5年4か月後の1977年1月に野球殿堂入りが決まると、病床でポツリ漏らしたという。

「これでいつ死んでも悔いはない……」

同年12月18日、西沢は黄泉の国へと旅立つ。享年、56歳だった。

中日が認めた2人の永久欠番選手。こうして振り返ってみると、彼らが球史に残した稀有な足跡も、黎明期の苦難にあったプロ野球を存続、発展させる揚力になったという意味で、その話題性以上に大きな意味を持っていたのかもしれない。そこが、「二刀流」に挑戦し、ただそれだけでスポーツマスコミの寵児《ちょうじ》となった大谷翔平（日本ハム）との決定的な違いだろう。

いまは八王子市内の霊園に眠る西沢。その漆黒の墓石には、こんな碑銘が刻み込まれている。

〈冬枯れの道を一人行く寂しさ　球魂をそこに置いて文ちゃん　西澤道夫氏は遠く帰らぬ人となった。ああ。一九七七年十二月十八日　五十六歳〉

不仲説まで流れた２人。互いに強烈なライバル意識を持っていた。

FILE 5

広島の永久欠番「3」と「8」

「衣笠監督」誕生を遠ざけた国民栄誉賞と山本へのライバル心

広島で監督となり、日本代表監督に登りつめた山本浩二。片や、衣笠祥雄は一度も現場復帰を果たせずにいる。ともに永久欠番となりながら、好対照な人生を送る「YK砲」。衣笠が監督になれなかった、本当の理由とは——。

黄金時代を築いた山本&衣笠のYK砲

国民栄誉賞は「広く国民に敬愛され、社会に明るい希望を与えることに顕著な業績があったものについて、その栄誉を讃えること」を目的とした、内閣総理大臣表彰の一つである。

2013年2月現在、受賞者は20人と1団体。スポーツ界では8選手と「2011年FIFA女子ワールドカップ日本代表」の一団体が授与されており、その中の2人がプロ野球の王貞治と衣笠祥雄である。

しかし、そのあまりにも重々しい響きに抵抗があるのか、プロ野球関係者の中には、必ずしもそれを歓迎しない者もいる。イチローは2001年にメジャーリーグで日本人初の首位打者に輝いたことで、当時の小泉内閣からその授与を打診されたが、「まだ現役で発展途上の選手なので」と、それを固辞した。1983年に通算939盗塁の世界記録を樹立した福本豊に至っては、授与の打診に対して「そんなもんもらったら、立ちションもでけんようになる」と、けんもほろろに断っている。

広島の永久欠番選手である衣笠祥雄が、これまで監督はおろかコーチ経験もないのは、実はこの国民栄誉賞の受賞と無縁ではないという。

衣笠は1965年、平安高から捕手として広島に入団し、「28」の背番号を背負った。後の「鉄人」の愛称は、当時の人気漫画『鉄人28号』からつけられたものである。プロ4年目の1968年から一塁手として一軍定着。1975年には三塁手としてチーム初のリーグ優勝に貢献した。

彼が「憧れの」背番号3を背負ったのは、このシーズンからである。衣笠の中で「3」と言えば、ミスタープロ野球・長嶋茂雄のイメージが強かったが、一方ではこんな殊勝なコメントも残している。

「広島で『3』と言えば、平山（智）さんが代表的だっただけに、平山選手を超える選手になりたい、という意気込みはありました。しかも、平山選手以降、『3』をつけた選手はベンチにいることが多く、自分の色をつくり、球団で一番の『3』になりたかったですね」

平山は1955年から64年まで広島に在籍した日系二世選手で、強肩の外野手として鳴らした以外、これといって特筆する記録はない。

衣笠はこの平山をアッという間に凌駕すると、1976年には盗塁王を獲得した。1984年は打点王を獲得、山本浩二との「YK砲」でチームをリーグ優勝と日本一に導き、MVPにも輝いた。1970年代後半からの広島黄金時代は、この「YK砲」の存在抜きに語ることができない。

しかし、衣笠と言えば、やはりその「鉄人」ぶりだろう。1970年10月19日の巨人戦から始まった連続試合出場は、87年6月13日の中日戦で2131試合に到達し、ルー・ゲーリッグの世界記録を超えた（最終的に2215試合。現在の世界記録はカル・リプケンJrの2632試合）。

しかも、記録達成の過程で、死球による肩甲骨骨折の重傷（1979年8月1日の巨人戦）にも拘らず、彼は翌日も休むことなく、試合に出場し続けた。

「（何もせず）同じように痛みを感じるなら、家で休んでいるよりグラウンドに出て、プレーしながら感じる痛さのほうが精神衛生上はるかにいいし、安心できました」

様々な超人伝説を残して、衣笠は1987年限りで引退した。国民栄誉賞の受賞に加え、背番号「3」も永久欠番になった。華々しい幕切れを迎えたその永久欠番選手が、なぜコーチにも監督にもならないでいるのか。

監督の座を遠ざけた〝王バッシング〟

広島の先代オーナー・松田耕平は、一軍、二軍問わず、選手と分け隔てなく接する好人物として知られていた。バックネット裏から選手の写真を撮るのを趣味とし、選手からも「じいちゃん」と親しまれた。

その松田オーナーが親代わりになってきたのが、家庭的に恵まれなかった衣笠である。とりわけ愛情を注ぎ、衣笠が国民栄誉賞を受賞したときは、子どものように大はしゃぎしたという。

以下は、当時の担当記者から聞いた話である。

「我が子のように可愛がる衣笠が国民栄誉賞をもらったことで、松田オーナーは野球以外の社会勉強を強く勧めた。これは、野球漬けで生きてきた衣笠に見聞を広げさせたいという親心でもありました。人間としての深みを増した衣笠に、いずれ監督として戻ってきてほしかったのです。衣笠が引退後すぐに指導者にならなかった理由がここにありました」

この松田オーナーの親心の背景には、もう一つ、当時の巨人軍監督・王貞治の存在があったという。王は国民栄誉賞受賞の第一号である。

１９８４年に巨人軍監督に就任してからというもの、チームの不振も手伝って、ファンやマスメディアからの猛バッシングの嵐に晒された。スタンドに「王、やめちまえ！」などの横断幕が翻っただけではない。ある週刊誌などは『王貞治は人格者にあらず』の痛烈な批判記事まで掲載した。

国民栄誉賞受賞の栄誉から一転してバッシングの標的に。この「天国から地獄へ」とも言える落差を目の当たりにして、「衣笠には同じ思いをさせたくない」という思いが、松田オーナーにはあったとされている。そして、この老婆心が結果的に衣笠の球界復帰のチャンスを奪うことになったのは、何とも皮肉と言うしかない。

衣笠の恩人・松田オーナーの死去

一方、衣笠と並ぶ広島の功労者・山本浩二。「8」の永久欠番を持つ彼は、その後どうなったか。「ミスター赤ヘル」と呼ばれた山本は、本塁打王4回、打点王3回、2度の二冠獲得など輝かしい成績を残して、1986年に18年の選手生活にピリオドを打った。そのままNHKの解説者に転身し、監督として古巣・広島に舞い戻ってきたのは1989年のことである。

このコーチ経験を飛び越えた異例な大抜擢は、松田オーナーが早くから公言していたことでもあった。山本にはプロ入り当初から「広島だけで終わらない」という野心があったという。「いずれ中央に躍り出る」――。そのための布石こそがNHKの解説者であり、広島の監督就任だったと言われている。

多くのプロ野球OBが及び腰になった、2013年の第3回WBC侍ジャパンの監督要請。その要請を山本が「断る理由はない」と即受諾したのは、いかにもそのことを物語っている。

もっとも、松田オーナーの思惑の底には、低迷気味の広島を山本に立て直してもらい、その後を人間性の厚みを増した衣笠に任せるという青写真があったという。2人の永久欠番選手による、広島黄金時代の再構築というシナリオだった。

実際、その前段階として、広島が衣笠に二軍監督就任の要請をしたこともある。このとき衣笠は「自分にはまだ勉強することがありますので」とやんわり断ったとされるが、前出の元担当記者によると、内実は微妙に違ってくる。

「衣笠と山本は仲が悪いわけではなく、むしろお互いを認め合っていた。しかし、年代的に同学年ということもあり、そこにライバル心のようなものがあったのも事実。衣笠としては、山本が監督なのに何で自分は二軍監督なんだという思いがあったようです。要するに、今度はプライドが指導者への道を阻んでしまった」

さらに、山本が指揮をとる広島。監督3年目の1991年にリーグ優勝を果たしたものの、その後はBクラスに転落し、山本は93年、退任に追い込まれる（2001〜05年も監督を務めた）。以来、広島は万年Bクラスのまま、今日までの長い低迷期を歩んできた。

このことが、衣笠の現場復帰のチャンスをますます遠ざけた。弱体著しい広島に、国民栄誉賞監督の入る余地があるわけもなかった。ましてや、衣笠にはコーチ経験もない。泥をかぶることになるのは、目に見えていた。

2002年7月には、最大の後ろ盾だった松田オーナーが死去した。おまけに新オーナー・松田元との不仲説も囁かれ、この時点で衣笠の広島復帰は事実上絶たれたと言っても過言ではない。

では、他球団での現場復帰はありえたのか。衣笠はTBSの解説者でもある。そのTBS（HD）が筆頭株主を務めた横浜ベイスターズが、2005年以降の監督候補をリストアップしたとき、その候補の中に同局の解説者である衣笠の名前はなかったという。なぜか——。実はその当時の衣笠にはすでに現場復帰への思いがなく、そのことを上層部も把握していたからだと言われている。

衣笠が自らの現場復帰の可能性について語ったのは、ちょうどその頃のことだった。「ユニホームを脱いでから19年も経ってしまった」と前置きし、彼は心情をこう吐露している。

「我々が育ってきた野球環境と今では大きく違います。だから、選手の育成についてもどのような方法が最も本人に合っているのか、力をつけてあげられるのか、どんな言葉が必要か、あるいは練習方法は……など、見極めるのが難しいと思います。やはり、時間が経ちすぎました」

「鉄人」のユニホーム姿は、もはや見ることはできない。

FILE 6

ファン、オーナー、稲尾の「24」

移転後の球団で復活した欠番とファンのために設けられた欠番

2012年、西武は稲尾和久の「24」を全選手が背負い、試合を行った。

永久欠番を与えられるのは監督や選手だけではない。ファンのために欠番となった番号や、オーナーを讃えるために欠番となったものもある。また、2012年には、一度は消滅した欠番が劇的に復活している。

永久欠番の背景に深刻なファン離れ

メジャーの永久欠番と言えば、乱発を通り越して、もはやパロディ化しているところもある。詳しくは、第3章で触れているが、球団オーナーを永久欠番扱いにしたかと思えば、中には専属アナウンサーまでその対象とした球団も存在する。

この永久欠番の拡大解釈は、パロディ好きのアメリカ気質をいかにも表わしているだろう。

プロ野球は1936年の誕生以来、そのアメリカのやり方を踏襲してきた。ドラフト制度やFA制度、代理人制度、そして永久欠番制の導入などがそれである。

ただし、恣意的な部分はあるものの、永久欠番の選定に関して、プロ野球がメジャー以上に厳格に対処してきたことは、少なくとも否定できないだろう。それが、今日までわずか14という永久欠番の少なさにも表れている（歴史や球団数の違い、文化的価値観なども、その背景にある）。

それでも、プロ野球がメジャーを模範としてきたことに変わりはない。地域密着型・フランチャイズ制への動き、さらに永久欠番の日本なりの拡大解釈もその一つである。

２００4年秋、宮城県をフランチャイズとする楽天イーグルスが、パ・リーグに新規加入した。その際、三木谷浩史球団オーナーが「ファンの背番号を用意したい」と発案。９ポジションの次にファンを位置づける意味を込めて、「10」を楽天の欠番とすることを決めた。

それから数か月後の２００５年3月、今度は千葉ロッテが背番号「26」の欠番を発表した。ファンをベンチ入り25選手に続く「26」番目の選手として、明確に位置づけたことである。

以来、「26」のユニホームはベンチに常時飾られてきた。ヒーローインタビューのお立ち台では、選手がそれを応援席に向かって掲げ、ファンとの一体感を演出している。このロッテや楽天の取り組みの背景には、当時の球団合併などによるファン離れの問題があった。

ただし、ロッテの「26」に関して言えば、それ以前からファンに浸透していたものだった。２００2年、ロッテファンの真摯な応援に対して、「毎日スポーツ人賞・文化賞」が贈られた。そのとき、副賞が授与されたが、それが今日も右翼席でたなびく「26 MARINES IS MY LIFE」のフラッグである。

「26番目の選手」としてファンを讃えるために使用されるこの「26」も、メジャーでは私物化されているケースがある。

エンゼルス・オブ・アナハイムのオーナーで俳優のジーン・オートリーが、「自分もベンチ入り選手の次の選手になりたい」と、「26」を自らの永久欠番にした。

あくまでも個人を尊重するアメリカと、運命共同を旨とする日本。その文化的価値観の相違がそれぞれ野球にも投影されていて、いかにも興味深いものがあるだろう。

名物オーナーへの敬意を表した永久欠番

プロ野球にも球団オーナーの永久欠番が誕生した。日本ハムは2009年2月、故・大社義規前オーナーの野球殿堂入りを記念し、同オーナーの背番号「100」を永久欠番にしている。

「100」のユニホームは1981年のリーグ優勝後、同オーナーが自ら作製したものである。「次に優勝したときは、このユニホームで胴上げしてほしい」との願いを込めたという。

が、同オーナーは2006年の優勝を見届けることなく、その前年の4月に死去。「100」の永久欠番は、その名物オーナーの見果てぬ夢を具現化する目的もあって決定された。

実は、この「100」の欠番は、日ハム以外にも設けられたことがあった。1997年11月、当時の横浜が「球団に対して貢献のある著名人」を対象に授与したものである。その第一号は、キャンプ地でもある沖縄県宜野湾市の市会議員・桃原功氏。しかし、あまりにも地味だったためか、この欠番措置はそれほど話題にならなかった。2013年には育成枠ドラフト1位投手の今井金太が「100」をつけたため、あえなく失効となっている。

だが、失効があれば、復活もあるのが、救いと言えば救いか。元西鉄の鉄腕・稲尾和久。一度は欠番となった彼の背番号「24」は、その死後、西武の永久欠番として復活している。

【第2章】

「準永久欠番」誕生までの舞台裏

FILE 7

金本知憲の永久欠番「6」は幻に……

最大の功労者に冷たい対応
阪神タイガース伝統の外様冷遇体質

文◎福島 泉

金本の永久欠番への機運は引退後、一気にトーンダウン。

成績だけでなく、野球に対する真摯な姿勢でチームを牽引。ダメトラを常勝軍団に変えた最大の功労者は、間違いなく金本だった。一度は永久欠番候補としておきながら“準欠番”扱いに。球団の悪しき体質が垣間見えた。

「僕は外様ですから」と語った真意

偉大な選手であるが故に、球団は大きな難題と向き合わなくてはならなくなる。永久欠番にするか否か——。

2012年シーズン限りでユニホームを脱いだ阪神・金本知憲は、通算成績だけを見れば、その資格は十分にある選手だ。

安打は歴代7位の2539、打点は同8位の1521、本塁打は同10位の476。打撃三部門ですべて10位以内の記録を生み出していることからもわかるように、金本はプロ野球76年の歴史のなかでもトップクラスの実績を誇る。

そして彼は、「鉄人」として球史にその名を残した。世界記録となる1492試合連続フルイニング出場。

1995年から1イニングも休むことなく試合に出続けた。その過程では、怪我をおして出場した試合は数知れない。骨折しながら安打を放ったことさえある。この数字は、金本が超一流として讃えられる絶対的な証でもあるのだ。

何より、記録だけではなくチームの精神的支柱として果たした役割も大きい。FAで移籍した2003年と05年のリーグ制覇に大きく貢献するなど、金本は常に阪神の中心にいる選手だった。

金本の永久欠番を巡る論争は、現役を引退する前から少しずつではあるが取りざたされてきた。その度に球団幹部やOBは、異口同音に「異議なし」とメディアの前では唱えてきた。

しかし、金本の背番号「6」は永久欠番にはならなかった。

今後、この背番号を継承しうる選手が現れるまでの空番号とする――。政治の政策のように、一見するとわかりやすいと錯覚してしまうが、その実、単なる逃げ道の口実とも言える「準永久欠番」の扱いとなった。

「誰がつけてもいいんじゃないかと思っています」

金本はメディアを通じてそのように語った。

野球に関しては、チームの勝利と自分のプレー以外に、強いこだわりを持っている男ではない。背番号「6」の永久欠番を巡る金本のコメントに触れると、その姿勢をそのまま投影しているかのように思えてしまう。

「背番号『6』は藤田（平）さんや和田（豊）さんもつけられた偉大な番号。僕だけの番号じゃない」

「僕は外様ですから」

先代の背番号「6」と外様の自分。この言葉には、阪神が金本の「6」を永久欠番にしなかった理由がはっきりと表れていた。

景浦と藤田が築いた「伝統の背番号」

阪神の背番号「6」は、「ミスター・タイガース」と呼ばれた藤村富美男の「10」、掛布雅之の「31」に並ぶほど高尚で、権威のある番号だ。

初代は、「伝説の選手」として今も語り継がれている景浦将だった。

阪神時代は、二刀流として活躍した。投げては150キロ以上と言われる剛速球を誇り、1936年秋にリーグトップの防御率0・79をマークするなど、実働4年で27勝9敗、防御率1・58。打っては、その豪打で巨人の沢村栄治と互角の勝負を演じ、1937年秋に3割3分3厘で首位打者、37年春、38年春には打点王に輝くなど実働5年で2割7分1厘、25本塁打を記録した。

現代のプロ野球と比べてしまえば、突出した数字ではない。しかし、二刀流という現実。チームの屋台骨を支え、顔として人気を博していた景浦が、もし太平洋戦争終戦前年に戦火に散らず復帰すれば、間違いなく偉大な記録を残していただろうし、「初代ミスター・タイガース」を襲名していたはずだった。

終戦後は1946年に富樫淳が景浦の背番号「6」を受け継ぎ、2リーグ制初年度の50年には田宮謙次郎がブレイクする以前の若手時代に2年間、背負っていた。1952年から真田重男、後に300勝投手となった小山正明も54年から3年間、この番号だった。そして、1957年に西出佐夫郎、58年から星山晋徳、61年から石田博三へと渡り、65年にフェルナンデスがつけた。

景浦以降、なかなか伝統の背番号「6」が定着しなかったが、1966年入団の藤田平の出現によって、再び6番は輝きを放つこととなる。彼は間違いなく、「阪神史上最高の6番」だった。

入団2年目にリーグトップの154安打をマーク。前年の1965年まで不動のショートストップとして君臨していた吉田義男からポジションを奪い、以後、11年もの間ショートを守り続けた。

ベストナイン7回、ダイヤモンドグラブ3回。1981年には打率3割5分8厘で、打撃三部門では自身初となるタイトルに輝いた。1983年には、阪神の生え抜きとしては初、現在でも唯一無二の存在となる通算2000本安打を達成した。

藤田は現役を引退する1984年まで、実に19年にもわたり背番号「6」を守り続けた。何より、野手ではたったひとりの名球会選手である。本来ならば球団は、この時点で「6」を永久欠番にするべきだった。

背番号「6」に愛着のあった和田

しかし、そうはならなかった。その理由として挙げるとすれば、藤田の性格があったはずだ。現役時代の彼は、「奇人」と呼ばれるほどおとなしい性格だった。そのためか、背番号に愛着こそあれ、永久欠番にしてくれなどと我を通すことはなかっただろう。

先代の永久欠番選手である10番の藤村富美男と11番の村山実は、監督となってからも現役時代と同じ背番号をつけるなど、相当なこだわりがあった。しかし、藤田は監督となった1995年には80番と、言うなれば指導者がつけるような番号をあっさりと受け入れている。

一度、機を逸してしまえば、決断を下すのはより難しくなる。藤田が引退した翌年となる1985年から「6」を継承した和田豊も然りだ。

1年目は39試合の出場に留まったが、チームのリーグ制覇を経験。村山が監督となった1988年には大野久、中野佐資とともに「少年隊トリオ」として若手有望株に挙げられレギュラーに定着した。

チームではつなぎの打撃や犠打など脇役に徹しながらも1993年にはリーグ最多安打を記録し、ベストナイン2回、ゴールデングラブ賞も3回受賞した。通算安打は藤田平、吉田義男に次ぐ球団歴代3位の1739安打。和田は17年間、背番号「6」の輝きを維持し続けたのだ。

2001年9月21日の引退会見で、和田はこう言った。

「志半ばで背番号『6』を球団にお返しするのは残念」

この言葉の通り、背番号への愛着はあった。もし、藤田の安打記録を抜く、もしくは2000本安打を達成していたのであれば、球団も永久欠番を考えたかもしれない。しかし、数字だけを見れば和田は藤田を越えられず、性格に至っても「失意泰然」を座右の銘とするように、実に冷静な男である。自分の番号を永久欠番にしてほしいなどとアピールするはずもない。

黙々とチームの勝利と記録だけを追い求める点は、金本にも共通している。FA権を行使し2003年に阪神に移籍した際、「藤田平さんや和田さんのように長年レギュラーを務めていた人がつけたいい番号」と2人に敬意を表したことからも窺えるように、金本は常に歴代の背番号「6」を意識していた。

6番を汚さないために。より、価値を高めるために。引退時に語った、「僕だけの番号じゃない」という言葉には、それらをはじめ様々な思いが金本の中に色濃く根づいていた。だからこそ、永久欠番にはこだわらなかったのかもしれない。

勝つためのチームプレーを体現した金本

「僕は外様だから」

この言葉を象徴するように、金本が生え抜きの選手ではなかったことも、永久欠番を与えられなかった大きな理由のひとつでもある。

金本は、広島時代から球界を代表する打者だった。3年目の1994年に17本塁打をマークすると、97年には33本塁打と長打力は年々上昇。2000年には史上7人目の3割30本30盗塁の「トリプルスリー」を達成するなど、チームの絶対的な4番として君臨していた。

そんなリーグを代表する選手が、2003年、満を持して伝統あるタテジマのユニホームに袖を通す。当時の阪神は10年連続Bクラスと「暗黒時代」の真っただ中。チームの現状を打破するため、結果はもとより金本に求められるものは多かった。

阪神には問題が山積していた。チーム力はもちろん、伝統球団であるが故にファンから熱烈な声援を送られる。勝っていればなおさら。負けていてもその温度差はたいして変わらない。

生え抜きは無論、移籍した選手にしても、やがてその環境に染まっていく。プレーは精彩を欠き、ファンから野次られても危機感を抱かない。結果を出せないことはわかっていながらも「ぬるま湯」につかっていることを叱咤する者がいないため、自らの意志であえて極寒の試練に立ち向かおうとはしない。

そんな悪しき伝統に染まっていない外様の金本だからこそ、それを根底から覆すことができた。

彼はいつもこんなことを言っていた。

「別に特別なことをしようとも思わないしね。チームが勝つために自分ができることをちゃんとやるだけだから」

2003年、金本は身を持ってそれを体現し続けた。

印象深かったのは徹底したチーム打撃だ。2番の赤星憲広が出塁すると、3番の金本は必ず初球を見逃した。それは、早い段階で赤星に躊躇なく盗塁を敢行させるため。無死または1死でランナーが二塁に進めば、金本は高確率で右方向を狙った。

ランナー一塁の時もそうだ。2死でなければ内野ゴロでも全力で一塁ベースを駆け抜ける。僅差ではもちろん、極端に言えば0対10で負けている展開でもその姿勢を崩すことはなかった。

「打った瞬間、『ゲッツーや』と思っても一塁まで全力で走れ。お前がセーフになれば次のバッターが長打を打って1点入るかもしれない。そこからヒットが続けば、負けゲームを勝ちゲームにすることだってできるんだぞ」

金本は若手選手に向かって、そう全力疾走の重要性を説き、中堅、ベテラン選手に対してはひたすらプレーでそれを訴えた。

打率2割8分9厘、19本塁打、77打点。数字だけを見れば大した数字を残していないが、この年、金本は「陰のMVP」と呼ばれた。自己を犠牲にしてもチームプレーに徹すれば勝てる。それを見事に証明してみせたからだ。

引退会見で彼は、「フルイニング出場よりも誇りに思う」として自身の持つ1002打席連続無併殺のプロ野球記録を挙げた。個人よりもチームの勝利に直結する数字を挙げたところが、いかにも金本らしかった。

功績は「ミスター・タイガース」そのもの

そして、チームプレー同様、金本が最もこだわったのが「試合に出続けること」だった。象徴する出来事は2004年に起きた。

1999年7月21日の阪神戦以来、1イニングたりとも欠場せずに迎えた7月29日の中日戦。岩瀬仁紀のボールが金本の左手首を襲った。診断の結果、軟骨の剥離骨折。

通常なら欠場どころか一軍登録抹消の大怪我である。それでも当時の彼は、公には「打撲」と発表し、試合に出続けることを決意する。

このとき、701試合連続フルイニング出場の日本記録まで2試合に迫っていた。後日、金本が、「最大のピンチだった。痛くてバットが振れなかった」と語っていたように、常人ならバットを振れる状態ではなかった。それでも、30日の巨人戦では右手1本で2安打を放つ離れ業を演じたのだ。

まさに執念。気迫で記録を達成してみせた金本は、怪我についてこのように語っていたことがある。

「痛いと思わなければプレーできるから」

その姿勢は、徐々にチーム内に浸透していった。赤星や今岡誠など、生え抜きの主力選手が全試合出場にこだわり、シーズン前の目標を聞かれると決まってそう宣言するようになった。野手で最も体力的な負担がある捕手の矢野輝弘ですら、そこにこだわるようになった。

その結果が、2年後の2005年のリーグ優勝。その後のAクラスの常連という、暗黒時代の完全脱却へと繋がっていった。

かつては「あんたの全力疾走を初めて見たわ」と冷めた目で選手を眺め、「星野（仙一）さんに監督が代わったから頑張るって、プロとして情けない」と嘲笑していた金本も、この頃になると「みんなが全試合出場を意識してくれたのは嬉しかった」とチームの士気が高まってきたことに喜んでいた。

だからといって、金本自身のプレーや意識が変わることはなかった。2006年4月9日に連続フルイニング出場の世界記録を樹立した後も、頭部死球や腰痛、ひざの手術など欠場をしても当然なほどの怪我と戦い続け、そして、見事に困難を克服していった。

この頃になると、広島時代の存在がかすむほど「阪神＝金本」は定着していく。それは、2008年12月にOBの小山正明が放った言葉が物語っている。

「金本にならば、『ミスター・タイガース』という呼び名をあげてもいいと思っているんだ」

かつて背番号「6」を背負い、東京（後にロッテ）、大洋と複数球団を渡り歩いた名選手だからこそ、金本の存在価値がわかるのだろう。小山は、「広島から来て阪神を変えたのは彼。外様なんて関係ない」と、金本の数々の功績を最大限に評価した。ミスター・タイガースを襲名するということ。それはすなわち、金本の背番号「6」が永久欠番にふさわしいと言っているようなものである。

当時こそ、小山の独断でのコメントではあっただろう。しかし、その主張が独りよがりでないことが判明したのが、2011年だった。

この年、右肩の棘上筋断裂という大怪我により連続フルイニング出場の世界記録は

1492試合でストップしていたが、球団も金本の功績を最大限に評価していた。一部の報道によれば、複数の幹部が金本の「6」が永久欠番になる可能性について「当然、そうなる」と話しており、引退後、スムーズに永久欠番に認定されるという声すらあった。

ところが2012年、金本の引退会見から約1か月後の10月末、背番号「6」の永久欠番は見送られた。

責任を他人に押しつける球団の伝統

阪神に在籍した10年間の金本の成績は抜群というほかない。球団歴代10位となる1360安打。232本塁打、813打点にしても、特筆すべき数字といえるだろう。広島時代が含まれているとはいえ、1492試合連続フルイニング出場は阪神時代に達成されたものであり、2004年の打点王、05年のリーグMVP、計7回のベストナインのうち半分以上の4回は阪神の金本として選ばれている。通算成績に至っては、言うまでもなく歴代プロ野球でも屈指を誇る。

にもかかわらず、球団は金本の永久欠番の通行手形を反故にした。球団は、複数の

OBから意見を聞きながら慎重に協議を進めていたという。その過程では、OBのみならず賛否両論の声も多かったのも事実だろう。「阪神での金本の実績は素晴らしいが生え抜きじゃない」「広島で永久欠番なら文句はない」。そんな否定的な意見が、球団側のイニシアチブとなっていく。

背番号「6」の先輩・藤田は、雑誌のインタビューでこんなことを語っていた。「当時のフロントは、自分で何も決められんかった。嫌なこと、言いにくいことは全部、他人に押しつける」

当然、このコメントには人事や采配など様々な要素が含まれている。それにしても、今回の金本の永久欠番騒動にも見事に当てはまる言葉ではないか。

物事というものは、一時的な批判はあるにせよ時間が経過すれば、自然と受け入れられるものである。「金本の背番号を永久欠番にする」と言ってしまえば、5年、10年後にはそれが当たり前になっている可能性は極めて高い。

球団は結局、ファンやOB、関係者からの批判を避けるために、背番号「6」を準永久欠番とした。それは、言い換えれば金本に責任を押しつけたことにはならないだろうか。

今は「準」でもいい。将来的に金本は、再び阪神の力になるときがくる。そのときにこそ、金本の背番号「6」を永久欠番にしてもらいたいものだ。

FILE 8

オリックスでは事実上の永久欠番！

水面下で進むイチロー引退後の日米ダブル永久欠番「51」

文◎織田淳太郎

そもそもイチローの「51」は、恐れ多くて誰もつけられない。

オリックスで準永久欠番となっている「51」。イチローは譲渡を打診しているが、球団は頑なに拒否している。また、マリナーズでも同様の動きが。イチローの引退をもって、両球団は永久欠番にする意向だという。

大器の片鱗を見せたウインターリーグ

オリックスと米マリナーズ時代のイチロー（現ヤンキース）の背番号「51」は、彼の引退をもってオリックス初の永久欠番になる可能性がある。

だが、あまり知られていない事実もある。すでにイチローの背番号が永久欠番になっていることだが、それを説明するためには、まず時代を20年ほど前に遡らなければならない。

ハワイ・ウインター・ベースボールは、各国の有望選手の育成を目的としたアメリカ・ハワイ州におけるリーグ戦である。通称「ウインターリーグ」と呼ばれている。

1993年オフの第1回大会、日本からは鈴木一朗（イチロー、オリックス）、新庄剛志（阪神）、井口資仁、城島健司（共にダイエー）、木村拓也（日ハム）など15人が参加し、アメリカからはジェイソン・ジアンビー、デレク・リーなど、後のメジャー屈指の強打者も参加した。

このウインターリーグの偵察に赴いた1人に、当時、日本ハムの二軍コーチだった淡河弘がいる。

開催地が常夏の島で、監督は外国人。しかも、試合は夕方からで、昼間の合同練習もない。昼間はほとんどの選手が、海水浴や観光に時間を費やしていた。

淡河は何気なさを装い、日本人選手の動向ぶりを観察した。多くが遊びに出たまま夕方の試合近くまでホテルに戻らない中、2人の選手だけが例外だった。

イチローと木村拓也である。2人は昼食用の弁当を買いに外に出る以外、ほとんどの時間をホテルの自室で過ごしていた。

あるとき、「お前は遊びに行かないのか?」と、イチローに聞いた。イチローはさも当然という顔つきで、こう答えた。

「僕がここに来たのは、野球をするためですから」

淡河は回想している。

「拓也にしてもこの姿勢は同じでした。2人とも部屋で身体を休めたり、素振りなどの練習をしていたのでしょう。イチローと拓也は必ずモノになる。このウインターリーグでの様子を観察して、私はそう確信しました」

このリーグ戦でヒロ・スターズに所属したイチローは、推定飛距離152メートルの弾丸アーチを放つなど、チームの優勝に大きく貢献し、堂々のMVPを獲得した。

一時はアメリカで「5」が永久欠番に

その翌1994年、イチローは大きく羽ばたいた。130試合制としては史上初のシーズン200安打以上を記録し（210安打）、パ・リーグ新記録となる打率3割8分5厘をマークしたことである。

阪神淡路大震災で揺れた1995年は、復興を目指す神戸のシンボル的存在として、首位打者、打点王、盗塁王など打撃五冠にも輝いた。プロ野球で打点王と盗塁王の同時獲得は、後にも先にもイチローしかいない。

続く1996年も首位打者や最多安打、さらに最高出塁率をマーク。26回の猛打賞、8度の1試合4安打などの日本記録（当時）も樹立し、「神戸での胴上げ」を合言葉に日本一も達成した。

ここで飛び込んできたのが、イチローの背番号が永久欠番になったという知らせだった。ただし、オリックスでの話ではない。遡ること3年前、ハワイ・ウインターリーグのヒロ・スターズで、イチローがつけていた「5」が、永久欠番になったという報である。

同球団がウインターリーグ後のイチローの活躍を高く評価したからで、この時点でイチローは外国で永久欠番選手となった日本人第一号ということになる。

「大変光栄なことです」

まだ初々しさの残るイチローは、素直にこの決定を喜んだ。が、肝心のヒロ・スターズがその1年後に消滅。永久欠番の「5」も一緒に消滅している。

福本の「7」を拒否して背番号「51」

イチローは1991年、愛工大名電高からドラフト4位でオリックスに入団した。同期には後のメジャーリーガーで、関学大から入団した1位指名の田口壮がいる。

その田口が一桁台の「6」の背番号をもらったのに対して、高卒の無名選手だったイチローには「51」が与えられた。

もっとも、この「51」は好打者・福良淳一がプロ入り3年目（1987年）までつけていた。その後、福良の背番号は「1」に〝昇格〟しており、オリックスにおいて「51」は出世番号という側面を持つ。球界全体を見渡しても、若い頃の大杉勝男（東映、ヤクルト）や土井正博（近鉄）がつけており、いわばスターへの登竜門的な背番号だったと言えるかもしれない。

しかも、元々メジャー志向が強かったというイチロー。憧れの外野手でもあるヤンキ

イチローの永久欠番は、メジャー移籍前から検討され始めた。

ースのバーニー・ウィリアムスの背番号は「51」。尊敬する左腕ランディ・ジョンソンもマリナーズ時代（1989〜98）に同番を背負っていたことから、イチローもまた、「51」には好イメージを抱いていた。

イチローが一躍表舞台に登場したとき、世界の盗塁王・福本豊の「7」の継承を持ちかけられたことがある。彼がこの偉大な背番号の継承を固辞したのも、あるいは「51」への強い愛着がそうさせたのかもしれない。以来、彼は事あるたびに「背番号を変えるつもりはない」と、言い続けてきた。

そのイチローの「51」が早々と永久欠番候補に挙がった。1998年のシーズン終了直後のことである。

この年、イチローは張本勲の4年連続を抜き、プロ野球記録となる5年連続の首位打者を獲得。長嶋茂雄の6年連続に次ぐ5年連続の最多安打も記録した。これらの功績に対して、球団幹部が「（首位打者の）5年連続というのは初めてのこと。永久欠番を今後検討しようと思う」と発言した。

だが、このイチローの永久欠番話も、一旦棚上げを余儀なくされる。2000年オフ、ポスティングシステムによる米マリナーズ移籍が決まり、イチローは活躍の場を世界へと広げた。

親友・坪井への譲渡を球団が拒否

2001年、マリナーズの一員となったイチローは、ランディ・ジョンソンが98年までつけていた「51」を希望通り譲り受けた。これに対して、イチローは「栄誉ある背番号を汚さないようにしたい」と殊勝なコメントを残している。それでも地元ファンの多くが「ランディの功績を台無しにする気か」と不満を露わにした。

一方、オリックス時代の「51」は現在、準永久欠番扱いの球団預かりとなっている。仮にイチローがメジャーで見る影もなく失敗していたら、どんな事態が待ち受けていたのか。

ランディ・ファンのバッシングを受けただけではない。オリックスの「51」も、あるいは他の有望選手に継承されていたかもしれない。

イチローの凄いところは、その懸念をいとも簡単に吹き飛ばしたことである。メジャー1年目、いきなり首位打者を獲得。ア・リーグ最多となる242安打もマークし、盗塁王まで獲得した。首位打者と盗塁王の同時獲得は、黒人初のメジャーリーガー、ジャッキー・ロビンソン以来52年ぶりの快挙だった。

だが、これらの快挙もまだほんの序章にすぎなかった。2004年にはジョージ・シスラーの257安打を84年ぶりに破る262安打のメジャー最多安打を記録。打率3割7分2厘で二度目の首位打者を獲得した。

以後、2010年まで10年連続の200安打超をマークし、108年も破られなかったウィリー・キーラーの8年連続の世界記録もあっさりと塗り替えた。この10年連続の200安打超とシーズン262安打に対して、米スポーツメディアは「今後、破るのが困難な個人記録」と絶賛した。また、ゴールドグラブ賞も10年連続で受賞するなど、その華麗な守備でもメジャーファンを唸らせている。

こうなると、オリックスでイチローの「51」が話題にならないほうが、かえって不思議だった。2005年のキャンプ中には、4年ぶりにオリックスの監督に就任した仰木彬が、「51」を永久欠番にするプランを口にした。

「あの背番号は重すぎる。いまの選手がつけるのは無理や。そんな勇気のあるやつはおらん。彼が引退するまでは絶対無理。引退のときに永久欠番になるやろうね」

その仰木監督にしても、同じ頃イチローから「51」の継承を持ちかけられたが、「そんな番号、恐れ多くてつけられん」と逃げ腰になっている。

イチローはオリックス時代こそ「背番号を変えるつもりはない」と、あくまでも「51」に拘った。が、舞台をメジャーに移してからは、もはやオリックスの「51」も本人の中で過去のものとなっていたのかもしれない。

2011年1月には、日ハムからオリックスに移籍した親友の坪井智哉と合同自主トレを行った。その際、イチローが坪井に「51番をつけてほしい」と進言。坪井はこの前日、球団から「00」の背番号を提示されたばかりだったが、かつてのイチローと同じ『振り子打法』で、阪神時代（1998〜02）は安打製造機と言われたこともある。

自分と同じようなタイプだったこともあり、イチローのこの進言もあながち冗談とは言えなかった。実は、合同自主トレでの会話の内容から、すでに両者間で「51」の継承が話し合われていた事実を垣間見ることができる。

「51をつけてほしい」というイチローの言葉に、坪井はこう答えた。

「51をお願いしたら、（球団に）ダメって言われたんだ」

しかし、ほとんど出番を与えられることなく、坪井はこの年限りで引退。「51」の継承も、この坪井を最後にしばらく話題から遠ざかることになる。

メジャーで殿堂入りと永久欠番の名誉

「51をつけたい」という坪井の希望を、オリックスがあっさりと却下したのは、坪井が引退間際の選手だったことに加え、「51」が球団初の永久欠番候補に挙がっていたからにほかならない。

だが、イチローの代名詞でもあった「51」も、やがてメジャーから消える運命を迎える。2012年7月23日、イチローはD・J・ミッチェルとダニー・ファーカーとの2対1のトレードで、ニューヨーク・ヤンキースへと移籍した。

このとき、球団からバーニー・ウィリアムス（2006年引退）がつけていた「51」を提示されたが、イチローはこれを断っている。

「現段階でとてもつけることはできない。これから新しい番号を自分のものにしたい」

イチローが「51」を辞退した理由は、単純にして明快だった。同シーズン、ヤンキースに移籍するまでのイチローは、打率2割6分1厘に甘んじていた。その自分に、ヤンキースの主軸として活躍したウィリアムスの背番号を受け継ぐ資格があるのか。その冷徹な自己査定が「現段階でとてもつけるわけにいかない」という彼のコメントにも顕れていた。

イチローが自ら選んだ背番号は「31」だった。ヤンキースでは過去、通算3110安打のウィンフィールドや通算808盗塁のレインズが着用していたが、その後はさしたる選手が登場していない。イチローはあえてその番号を選んだ。

「フィーリングです。『1』というのが欲しかったし、響きとサインを書いたときのバランスがいい。61という選択もあったんですが、それは微妙だなと思ってやめました」

「51」と「31」の2つの背番号をつけた同シーズン、イチローはメジャー通算2500本安打を記録したものの、打率2割8分3厘、178安打の成績に終わった。

12年に及ぶ過酷なメジャー日程での疲労蓄積に加え、年齢的な衰え。それが、ここ数年の成績下降の背景にあったのは言うまでもない。2013年もヤンキースでプレーするイチローは、同年10月で40歳を迎える。引退へのカウントダウンは、すでに始まっている。しかし、彼が日米を股にかけた世界屈指の名プレイヤーだったことに、何の変わりもないだろう。

2009年の第2回WBCでは、日本の2大会連続世界一の原動力になった。米CBSスポーツは、現役選手で殿堂入りが確実な選手の1人にイチローの名前を挙げた。マリナーズは「51」をランディ・ジョンソンとイチローの共有の永久欠番とすることをほぼ決め、オリックスもその引退をもって「51」を永久欠番とするにすると言われている。

記録男として、いかにも相応しい最後かもしれない。

FILE 9

愛した背番号の後継者は鳴かず飛ばず……

松井秀喜の〝帰るべき場所〟を失わせた大田泰示への「55」譲渡

文◎織田淳太郎

2012年限りで引退した松井秀喜。代名詞とも言える「55」は、実績では遠く及ばない選手が着用している。55番の譲渡は、松井と巨人に遺恨を残したまま。球団が検討する永久欠番は実現するのだろうか。

松井の「55」を再び見ることはできるだろうか?

恩師の願いが込められた背番号「55」

打者として、屈指のメジャーリーガーに成長したイチローと松井秀喜。この2人をして「記録のイチロー」「記憶の松井」と評したのは、ある新聞の社説である。

たしかにメジャーにおける松井の真骨頂は、自己犠牲的なチーム成績への拘りであり、〝記録の宝庫〟イチローへの皮肉ではなかったものの、「もし野球が個人成績をまったく争わないスポーツだったら？」の質問にもこう答えている。

「全然構わない。勝つためにプレーしているわけだから、勝てばそれでいいです」

さらに、「10打数10安打してヤンキースが優勝できないより、10打数10三振してヤンキースが勝ったほうがいい」とも発言しており、その一貫した「フォア・ザ・チーム」の姿勢が、ヤンキース最終年の２００９年、鮮やかに花開く。

このシーズン、ヤンキースは9年ぶりのワールドシリーズ制覇を成し遂げ、松井はと言えば、日本人初となるワールドシリーズＭＶＰに輝いた。

その松井の背番号「55」が、なぜか古巣の巨人で空き番号になっていない。このことは、イチローの「51」がオリックスの永久欠番候補として今も空き番号になっているのとは、ひどく対照的な処遇かもしれない。

高校通算60本塁打や甲子園での5打席連続敬遠が物語るように、松井は誰もが認める高校球界屈指のスラッガーだった。1992年、ドラフト1位で巨人に入団。4球団競合の末、当時の長嶋監督が引き当てた。

この松井が当初希望した背番号が、星稜高時代につけていた「5」である。しかし、これは内野手の岡崎郁がつけていたため、長嶋監督の勧めもあり「55」を背負う。「王のシーズン最多55本塁打を抜く選手になってほしい」という長嶋監督の思いが、そこに込められていた。

この恩師・長嶋の期待に応えるように、松井は1年目から大器の片鱗を見せつけた。5月1日のヤクルト戦で一軍デビュー。初安打初打点を記録すると、翌日の同カードでは高津臣吾からプロ入り初本塁打を右翼中段に叩き込む。この年、セ・リーグ高卒ルーキー記録となる11本塁打をマークした。

翌1994年は早くもリーグ優勝と日本一を経験する。リーグ優勝をかけた中日とのシーズン最終戦（10・8決戦）では貴重な本塁打を放ち、彼は一躍スターダムにのし上がった。だが、マスメディアに対し不遜な態度を垣間見せたことで、父・昌雄の憤りを買った。

「世間の人々は野球という君のごく一部を評価しているだけで、君という人間すべてを評価しているわけではない」

この父の言葉が、松井の「フォア・ザ・チーム」の精神をさらに強固なものにする。1996年は打率3割1分4厘、38本塁打、99打点の堂々たる成績を残し、プロ入り2度目のリーグ優勝を経験した。松井は一気に大輪の華を咲かせると、以後、7年連続で30本塁打以上を記録する。

1998年には初のタイトルとなる本塁打王（34本）と打点王（100打点）の二冠を獲得。巨人が日本一に輝いた2000年に、42本塁打、108打点で2度目の二冠を達成すると、翌01年は打率3割3分3厘で首位打者を獲得。2002年には50本塁打、107打点をマークし、3度目の二冠達成という快挙を演じた。

松井の復帰に備えて「55」を空き番号に

松井がFA権を行使して、名門・ヤンキースとの入団契約を結んだのは、このシーズンオフのことである。その際、拘ったものがあった。

5月5日のこどもの日が「ゴジラの日」と呼ばれるなど、すっかりプロ野球の顔になっていた「55」。その自分の背番号をヤンキースでも背負いたいという希望だった。

松井はこう口にしている。

「入団以来、契約更改の席で球団側から一度も『若い番号にしたらどうか?』という話はなかった。自分も変える気はなかったし、他の番号は想像できません」

巨人も松井の意を汲み、メジャー移籍と同時に「55」を永久欠番的扱いすることにした。当時の土井球団代表は、こうコメントしている。

「新しい選手や若手は(松井の「55」を)固辞するだろうし、将来的に松井が帰ってきた場合のこともありますからね」

松井にとって幸運だったのは、ヤンキースで「55」をつけていたラミロ・メンドーサが、このシーズン限りでレッドソックスに移籍したことだった。さらに、「55」をつける予定でいたコーチのドン・ジマーが、同番号を快く明け渡したことで、ヤンキースにおける松井の背番号「55」は、すんなりと決まる。

この「55」を背中に、松井は新天地・ヤンキースでもいきなり結果を残した。移籍早々の4月8日(ツインズ戦)、初本塁打を満塁本塁打で記録、その4日後にはサヨナラ安打も放った。

野茂英雄、イチロー、佐々木主浩に次ぐ日本人4人目となるオールスターゲームにも選出。シーズン打率2割8分7厘、16本塁打、106打点を残し、ヤンキースのワールドシリーズ進出の立役者にもなった。このワールドシリーズ(マーリンズ戦)では、日本人初の4番にも座っている。

新人には「55」を与えない球団の方針

翌2004年の松井は、さらに進化を遂げた。メジャー移籍後初の2打席連続の本塁打を放つなど、シーズン後半は主に4番を任され、打率2割9分8厘、31本塁打、108打点をマークした。レッドソックスとのア・リーグ・チャンピオンシップシリーズ（敗退）でも、3戦目に1試合5安打、5得点と一人気を吐き、シリーズ史上最多タイとなる14安打、28塁打の記録も残している。

このメジャーでの大活躍が、巨人フロントにも大きな影響を与えた。ドラフト会議を終えた同年11月下旬、フロント入りしたばかりの桃井球団社長が、新人選手の背番号に関して、こう言及したことである。

「それ（55）以外は全部OKだけど、55はなしです。背負った選手も重いでしょうから」

この発言もあり、以来マスメディアの多くが「55は確実に準永久欠番への道を歩み始めた」などと、断定的に報道するようになった。

このことに気をよくしたのか、2005年に入ると、202打席連続本塁打なしという一時的なスランプを乗り越え、松井は自身メジャー最高となる打率3割0分5厘、

116打点の数字を残した（本塁打は23）。

メジャーデビューからの連続試合出場も途切れることなく、7月28日にはアーニー・バンクスを抜く425試合連続出場の新記録もつくった。この連続試合出場は松井が最も目標としていたものでもある（最終的にメジャーでは518試合連続、巨人時代から合わせると1768試合連続）。

だが、このシーズンを境に、松井の調子は下がり始める。2006年にはスライディングキャッチの際に左手首を故障。検査の結果、骨折が判明し、前半戦を棒に振る。

2007年は25本塁打、103打点と復調の兆しを見せたものの、終盤からプレーオフにかけて右膝の故障に苦しみ、同オフに内視鏡による手術を受けた。

2008年に入ると、前半戦で自己最高の19試合連続安打を記録するなど、一時は首位打者を走った。が、今度は左膝を痛め、前年に続いてまたもや内視鏡手術を受ける。成績も9本塁打、45打点と惨憺たる数字に終わり、ヤンキースも14年連続のプレーオフ進出を逃した。

「責任を感じています」

個人成績よりチーム成績を優先する松井にとって、最も辛いシーズンだった。

原監督の愛弟子にまさかの譲渡

結局は松井の不振がそうさせたのか。同年オフ、この松井の心の傷に、よりによって古巣の巨人が塩をすり込む。6年間欠番になっていた「55」が、新人の大田泰示に与えられたことである。

この譲渡に関しては、松井には巨人からの打診が一応入っている。松井も「巨人の屋台骨を背負う選手になってほしい」とのメッセージを送ったが、さすがに裏切られた思いだったのかもしれない。

同年12月、松井は東京都内で行われた「ニッポン放送ショウアップナイター2009 Conference」に招かれた。その席上、松井が2009年にヤンキースとの契約最終年を迎えることに触れて、巨人の原監督はこうスピーチしている。

「巨人ファンの方も（松井の巨人復帰の）可能性があるという点では、意味のある1年になるでしょう」

この古巣・指揮官のラブコールに対する松井の反応が、いかにも彼の複雑な心の内を表わしていた。謙虚さを旨とする松井とっては、意外なほど挑戦的な言葉だった。

「巨人ファンも戻ってくるなんて思っていないでしょう。55番も別の選手がつけていますし、戻る場所なんてないですよ」

その「別の選手」大田泰示とは、どんなプレイヤーなのか。

大田は高校通算65本塁打の記録を持つ、俊足強肩の内野手兼外野手である。２００８年、ドラフト1位で東海大相模高から巨人に入団。中学2年のとき、野球教室で原辰徳からスイングを絶賛されたことで、原の母校・東海大相模に進学したいきさつがある。２００９年のキャンプでは、先輩・原監督から直々の打撃指導を受け、ルーキーとして異例の待遇を受けた。

準永久欠番の「55」を譲り受けたことについて、大田はこうコメントしている。

「松井さんは小さい頃憧れたホームランバッターでした。自分も小さい子に夢を与えるような、小さい子の記憶に残るバッターになりたい」

その大田が「55」に相応しい活躍を見せていたのなら、あるいは松井も納得したのかもしれない。

いざ蓋を開けてみると、大田は期待外れだった。イースタンでそこそこの成績を残し、6月中旬に一軍昇格を果たしたものの、代打として初打席に立った6月21日のロッテ戦で三球三振。まもなく二軍に戻された。

２０１０年までの2年間の一軍成績は、7打数無安打。２０１１年も26打数4安打、3打点、本塁打０。２０１２年はオープン戦21打席連続無安打の惨憺たる結果を残しながら、なぜか開幕一軍メンバーに選ばれた。

その後、二軍降格と一軍昇格を繰り返し、9月1日のDeNA戦で3安打3打点の猛打賞をマークした。が、シーズントータルで63打数16安打、2本塁打、10打点の貧弱な成績に終わり、相変わらずの伸び悩みぶりをさらけ出した。そして、2013年のオープン戦で、7打席7連続三振の体たらく……。

「55」への重圧が、才能の開花を阻んでいるのか。

「重圧は凄いかもしれませんが、いまはそれだけ期待してくださっているということだと、良い方にとらえています」

入団時、大田が発した抱負の弁も、いまでは虚しく耳に響く。

日本中が湧いたヤンキースでの復活劇

一方、本家「55」のほうは、大田とは対照的に見事な復活を遂げている。ヤンキースとの契約最終年となった2009年、松井は手術した膝のリハビリで調整が遅れながら、開幕戦で恩師・長嶋茂雄の444本塁打を超える日米通算445本塁打を放った。

さらに、8月21日のレッドソックス戦で自己最高の1試合7打点をマーク、9月19日のマリナーズ戦でも26号本塁打を放ち、指名打者の年間最多本塁打記録を打ち立てる。シーズン28本塁打はメジャー自己2番目の記録、90打点はチーム3位の成績で、松井は地区優勝の原動力になった。

そして、ア・リーグチャンピオンシップシリーズを勝ち抜き、迎えたフィリーズとのワールドシリーズ。メジャー1年目の2003年以来、自身6年ぶりとなるこのワールドシリーズこそが、ひたすら個を殺しチームの勝利を追い求めた松井の、最も輝いた瞬間だった。

第2戦でエースのペドロ・マルチネスから決勝本塁打を放つと、第3戦は代打で本塁打をマーク。第6戦でもマルチネスから2ランを放つなど、ワールドシリーズタイ記録となる1試合6打点を記録し、ヤンキースを世界一に導く。同ワールドシリーズ通算13打数8安打、3本塁打、8打点。前記したように、松井は日本人初の快挙となるワールドシリーズMVPを獲得した。

それから数日後――。

「(ヤンキースで)7年間プレーできたことは最高に幸せだった」

チームに9年ぶりの世界一をもたらし、松井はひっそりとヤンキースを去った。

ヤンキースでも「55」を背負い、世界一に貢献した。

松井監督誕生で「55」が復活!?

その後、松井はエンゼルス、アスレチックス、レイズと渡り歩いた。

しかし、巨人1年目から続く背番号「55」の時代も、2011年にプレーしたアスレチックスを最後に終わる。2012年マイナー契約で入団したレイズでは、チームメイトが「55」をつけていたため、松井は自ら選択して「35」のユニホームを纏った。恩師・長嶋の永久欠番「3」と巨人入団時に望んだ「5」を組み合わせたものだった。

同年5月下旬、松井はその背番号「35」でメジャー昇格を決めたが、膝の深刻な不調で出番が減ったことで、8月に自らの希望で自由契約となる。

「またメジャーの舞台で野球をしたい」

これが、メジャーリーガー・松井秀喜の最後の姿になった。以来、他球団からのオファーはなく、DH候補として獲得を検討していたアストロズが、12月にカルロス・ペーニャと契約したことで、松井のメジャー残留の可能性が絶たれる。

「ヤンキースタジアムでプレーしたことは一生忘れません」

巨人や阪神からのラブコールに色気を見せることなく、松井はメジャーリーガーのままユニホームを脱ぐことを決めた。

日米通算打率2割9分3厘、507本塁打、1649打点、2643安打。

巨人はいま、その松井を将来的に監督として迎え入れたい意向を持っている。そのための布石として、白石オーナーは業務提携を結ぶヤンキースへのコーチ留学を松井に打診したことを明らかにした。

松井が愛した背番号「55」は、その監督就任を待って松井に戻され、同時に永久欠番になるとも言われている。

一方で、「55」を永久欠番に持つメジャー球団は、ヤンキースをはじめ、いまのところ存在しない。

FILE 10

偉大な番号は時として重責に

名選手から次代のスター選手へ――準永久欠番を巡る背番号譲渡秘話

文◎坂井健太

同じ「8」を背負う原と仁志の確執は、やがて決定的なものへ。

永久欠番とならなかった名選手の背番号は、受け継ぐに相応しい選手が現れるまで、球団預かりとなるケースが多い。すんなりと譲渡が決まることもあるが、中には「時期尚早」などと非難を浴びることもある。

愛弟子への譲渡を希望した野村監督

広島の堂林翔太が、2013年より背番号「7」を継承。広島の7番といえば、現監督の野村謙二郎の代名詞ともいえる背番号だ。

2005年に野村が引退して以来、背負う者がいなかった背番号。通算2020安打、現役生活を広島で全うした功労者に敬意を表し、球団では永久欠番にすることを打診したが、野村は固辞。前任者と球団が「この番号に相応しい能力である」と推薦する選手が現れるまでは、その番号を空き番にする「永久預かり」となっていた。

だが2012年オフ、野村は球団に対して「このままでは誰もつけられない。若い選手に譲りたい」と背番号「7」の譲渡を提案。自身の後継者に指名したのが、弱冠21歳の堂林だった。

野村は堂林の入団当初から目をかけ、つきっきりで指導してきた愛弟子だ。2012年は開幕からスタメンサードに抜擢、全144試合に出場し、オールスター初選出を果たすなど一本立ちさせた。

背番号「7」と広島の将来を背負う堂林だが、「時期尚早だ」との声も大きい。2012年には14本塁打を放ち、江藤智、前田智徳以来、球団で3人目となる高卒3年目での2ケタ本塁打をマークした。天性の長打力は魅力ではあるが、一方で29失策、150三振、得点圏打率1割9分2厘はセパ両リーグを通じてワースト記録。実力では野村にまだまだ及ばない。「人気先行」といわれる広島のプリンスが、背番号に恥じない活躍を見せるのか。これからの奮起に期待したい。

広島では、永川勝浩が受け継いだ背番号「20」もかつては永久預かりとされていた番号だった。150キロの速球を武器に、亜細亜大時代には大学選手権などで華々しい活躍を見せた永川。地元広島出身ということもあり、2002年のドラフトでは球団史上初の自由獲得枠選手として獲得する。

他球団との争奪戦の様相を呈していたが、球団は200勝投手・北別府学がつけていたエースナンバーを用意し、三顧の礼を尽くして迎え入れた。

偉大な背番号を受け継いだ右腕は、ルーキーイヤーから期待に違わぬ活躍を見せた。前年30セーブを挙げた小山田保裕が春季キャンプ中の故障で出遅れると、開幕からクローザーを任され、2003年の開幕2戦目でプロ初登板初セーブの衝撃デビューを飾る。

このシーズンは球団新人記録となる25セーブをマークし、オールスター出場も果たすなど大活躍。早くも正クローザーとしての地位を確たるものとしたのだ。

ところが、翌年は開幕から絶不調に陥り、5月にはクローザーの立場を剥奪され、不本意な成績に終わる。それ以降も先発・中継ぎへの転向を命じられ、2008年に36セーブを挙げ復活したと思いきや、翌年から再び低迷。2012年は一軍登板すらできなかった。2013年も思うような活躍ができなければ、戦力外通告は待ったなし。栄光の背番号「20」は、引退に追い込まれようとしている。

城島復帰を見据え空き番とした「2」

一度はチームを離れたものの、将来の復帰を待つために準永久欠番とされた番号もある。城島健司が背負ったソフトバンクの背番号「2」がそれだ。

キャッチャーとして、また打者として、城島が残したインパクトは計り知れない。「野村克也以来の逸材」と評され、福岡でのホークス黄金期をつくり上げた中心選手だった。

2005年オフにメジャー移籍を果たした城島だが、球団は「いずれは福岡に選手として戻り、引退後は監督になってもらいたい」という希望があり、城島本人も「ユニホームを脱ぐときにはホークスで」と発言したことから、背番号「2」を準永久欠番として凍結。その絆は深いものと思われた。

だが、城島が日本球界復帰を決めた2009年オフには、チーム状況は一変していた。この年に26本塁打を放った田上秀則の台頭や、城島の年俸高騰を懸念した球団は城島獲得を見送る。結果、城島は阪神に入団し、蜜月関係に終止符が打たれることとなった。

城島の復帰が消えると、球団は背番号「2」の使用を解禁。城島と同じ明豊高校（旧・別府大付）出身のドラフト1位ルーキー・今宮健太に譲り渡した。高卒1年目から一軍で活躍した先輩に対し、今宮は3年目でようやくショートのレギュラーをつかんだものの、打率2割6厘に低迷。背番号「2」は再び輝くのか、それは若き鷹の活躍如何にかかっている。

背番号を受け継いだ監督との確執

巨人軍生え抜きの強打者にしか背負うことの許されない背番号「8」。V9の功労者・高田繁から受け継いだ原辰徳が1995年に引退すると、ON時代後の巨人を牽引した主砲の功績を讃え、ファンからは永久欠番にすべきとの署名が多く集まった。これ以上の欠番を増やしたくない球団は、緊急措置として原が認めた選手だけに背番号「8」を譲る条件で準永久欠番に制定する。

しかし、高田が引退した翌年に原が継承したのと同じように、原が引退した翌年に背番号「8」は後任に受け継がれた。ドラフト2位で獲得した仁志敏久は、憧れの原と同じ背番号を熱望。逆指名で獲得した手前、球団も無下に断れなかったため、原に打診したところ快諾。原の引退からわずか数か月後には、背番号「8」がグラウンドに戻ることとなった。

原と同じくサードのレギュラーとなった仁志は1年目から類い稀なるバッティングセンスを見せ、高田、原も獲得した新人王のタイトルを得た。2年目からは「一番セカンド」に定着し、ゴールデングラブ賞を4度獲得。走攻守に優れたオールラウンダーとしての地位を築き上げた。

原が磨き上げた背番号の価値をさらに高めた仁志。だが、長嶋茂雄が監督を退き、2003年に原が新指揮官になると仁志の歯車が狂い始める。不動の一番打者から原の新構想により二番で起用されると、慣れない打順で不振に陥り、ついには九番にまで落とされたのだ。同じ番号を背負った両者には「不仲説」まで流れ、仁志がトレード放出を志願したことでその確執は決定的となった。

2006年オフに仁志が巨人を去ると、原は躊躇することなくオリックスからトレードで獲得した谷佳知に自ら「8」を譲り渡した。巨人伝統の背番号「8」、その価値を落としたのが、他ならぬ原自身だというのは皮肉である。

2 球団で偉大な番号を背負った広澤

先人が築き上げた背番号のプレッシャーに負け、花開くことなく球界を去る選手がいる一方、偉大な背番号を二つも背負いながらその重圧に屈しなかった選手もいる。ヤクルトなどで活躍した広澤克実だ。

アマ時代には東京六大学野球で４試合連続本塁打を放ち、１９８４年にロサンゼルス五輪日本代表に選ばれると、決勝のアメリカ戦では本塁打を放って金メダル獲得に貢献。鳴り物入りでヤクルトに入団した広澤は、通算４８６本塁打の『暴れん坊』大杉勝男の背番号「８」を譲渡された。この番号は大杉の引退後、準永久欠番となっていたが、球団は大杉本人の強い勧めもあって超大物ルーキーに後を継がせることになる。

1年目から18本塁打をマークし、新人王こそ逃したもののスラッガーの片鱗を見せつけると、4年目に才能が開花。2割8分8厘、30本塁打、80打点でベストナインに選出され、球界屈指の四番打者に成長した。野村政権では不動の主軸として打点王に二度輝き、リーグ優勝2回、日本シリーズ優勝1回とヤクルト黄金時代の立役者となった。

1994年オフ、FA権を取得した広澤だが、当初は移籍の意思はなく、ヤクルト残留を希望していたという。

しかし、広澤がFA移籍を決断したかのようなマスコミの報道が先行し、それを知った球団オーナーも「移籍するなら勝手にしろ。お前の時代は終わった」と突き放す発言をした。

この言葉が決定打となり、愛着のあった背番号に別れを告げ、新天地の巨人への移籍を決断する。

巨人でも松井秀喜、落合博満、ジャック・ハウエルなどの強打者を押しのけ、四番に座った広澤。だが故障に泣かされヤクルト時代の打棒は影を潜めた。1999年オフには自由契約となり、再起をかけて阪神に移籍する。

当初は背番号「48」が予定されていたが、球団は「『31』を誰もつけたがらないので、ぜひ背負って欲しい」と要望。その背番号こそ、ミスター・タイガース、掛布雅之の代名詞であった。

阪神では代打の切り札としてここ一番で存在感を発揮し、18年ぶりのリーグ優勝に貢献。2003年の日本シリーズ第7戦、9回に代打で登場するとレフトスタンドに突き刺さる本塁打を放ち、この打席を最後に背番号「31」を脱いだ。プロで残した記録は大杉、掛布に遠く及ばなかったが、勝負強いバッティングは今も語り草となっている。

「1」はミスター・スワローズの番号

広澤とともにヤクルト黄金時代を支えた池山隆寛も、大打者の背番号を継承した男である。

入団時の背番号は「36」。無名の高校出身ということもあり、当初は注目されなかったが、4年目の1987年から監督に就任した関根潤三に見出されショートのレギュラーに定着。華麗な守備には定評があり、後に監督となる野村は、「守備だけで1億円を稼げる選手」と絶賛した。

長打力にも磨きがかかり、1988年から5年連続で30本塁打を記録。1990年には遊撃手として日本球界史上初となる3割30本をマークする。

「ブンブン丸」の愛称で全国区の選手となり、ヤクルトの顔となった池山は、憧れの背番号「1」を受け継ぐことを熱望。これはヤクルト一筋で『小さな大打者』と呼ばれた若松勉が着用していた番号だ。

若松の現役引退時、球団から永久欠番の打診があったが、「将来有望な若い選手につけてもらいたい」と辞退した経緯があり、生え抜きの選手のみが背負うことができる準永久欠番となっていた。2年間は空き番号となっていたが、若松の推薦もあって1992年より『ミスター・スワローズ』の称号が池山に受け継がれる。

池山は背番号「1」のプレッシャーに屈することなく、四度のリーグ優勝、三度の日本一に大きく貢献。黄金時代の中心選手となった。しかし、長く打線の主軸を務めながら、負担の大きいショートを任されていた池山は、次第にアキレス腱痛に悩まされるようになる。

若い宮本慎也の台頭もあり1997年からサードへのコンバートを決断。守備の負担が減り一時は打撃も上向いたが、怪我の状態がさらに悪化したため2000年からは代打での出場が目立ち、成績も下降線を辿っていく。そして2001年、背番号に見合う成績ではないと、自ら背番号「1」を岩村明憲に譲り、原点である「36」に戻したのであった。

岩村から青木宣親へと受け継がれた強打者の系譜は、青木のメジャー移籍とともに再び持ち主のいない状態へと戻った。栄光の背番号「1」は、次代のミスター・スワローズ誕生を待っている。

西武で勃発した「27」の跡目争い

伊東勤の登場以来、背番号「27」は常勝軍団・西武の正捕手の証となった。現役22年間で14回のリーグ優勝、8回の日本一に導いた司令塔は、引退即監督就任と同時に「27」を脱ぐ。

不世出の天才キャッチャー、伊東の引退から長く正捕手不在が続いたが、3年間の空白の後、ついに伊東の後釜を担う選手が誕生した。２００７年、細川亨が「27」の着用を許されたのだ。それは、細川が野田浩輔との熾烈な正捕手争いに勝利した瞬間でもあった。

打撃面での評価こそ低いが、ゴールデングラブ賞2回、盗塁阻止率リーグ1位にも二度輝き、伊東をもってして「安心してリードを任せられる」と言わしめるほど守備の能力は高い。

ところが、監督が恩師の伊東から渡辺久信に代わると、強肩巧打が魅力の炭谷銀仁朗にスタメンマスクを譲るケースが増えた。伊東に実力を認められた細川にとっては、何よりの屈辱だったに違いない。

２０１０年オフ、国内ＦＡ資格を取得した細川は、球団に複数年契約を希望するも

球団史上最強捕手の背番号を受け継いだ炭谷。

認められず、ソフトバンクへの移籍を決断。移籍初年にベストナインを獲得し、8年ぶりの日本一に導いた。

一方、細川退団後に「27」を与えられた炭谷も、2012年にゴールデングラブ賞を獲得する活躍を見せ、〝2人の後継者〟は伊東越えを虎視眈々と狙っている。

日本一の象徴「1」は秋山から内川へ

準永久欠番は「生え抜きの選手が受け継ぐべき」との不文律があったが、時代とともにその考えも変化している。ソフトバンクの背番号「1」が、FA移籍で獲得した内川聖一の手に渡ったのだ。

　球団の背番号「1」は走攻守に優れた選手のもの、というイメージをつくり上げたのが、現監督の秋山幸二だった。秋山自身、西武から移籍した『外様選手』だったが、プレーと存在感で当時弱小だったチームを日本一に導いた立役者。2002年の引退時には永久欠番入りも検討されたという。

　実際には柴原洋が着用を熱望し、秋山も承諾したため永久欠番とはならなかったが、球団は「背負うのに相応しい選手に与える」準永久欠番扱いとした。

　2011年に柴原が引退すると、その前年オフに横浜から移籍していきなり首位打者、シーズンMVPを獲得した内川に背番号「1」が与えられた。

　この譲渡は、監督である秋山が内川にかける期待の大きさの現れでもあったが、当の本人は同じ九州出身の先輩である柴原に遠慮する部分があった。だが、柴原から「お前につけてもらったら光栄だよ」と声をかけられ、背番号「1」を受け継ぐ意思を固めたのだった。

　2012年も内川のバットは止まらず、5年連続の打率3割をマーク。最多安打のタイトルを獲得し、背番号に恥じない活躍を見せている。

結果で「6」継承の批判を封じた井口

FA資格を得た大物選手の獲得のため、準永久欠番が使われるケースもある。2009年にメジャーから日本球界復帰を表明した井口資仁に対し、ロッテはチームの象徴でもある背番号「6」を獲得の『切り札』として用意した。

ロッテの背番号「6」は三冠王を三度獲得した落合、『ミスター・ロッテ』と呼ばれた初芝清が着用した右の強打者のシンボルともいえる存在。特にチーム低迷期に四番に座り、ロッテ一筋で現役を全うした初芝の背番号としてのイメージが強く、井口獲得の際にはファンから「背番号を交渉材料にするとは」と強い反発があった。

しかし、井口はプレーでその批判を封じた。新天地でいきなり開幕四番に座ると2割8分1厘、19本塁打を記録。翌年にはリーグ2位の103打点を挙げて5年ぶりの日本一に大きく貢献したのだ。

バットだけでなく、日米で培った豊富な経験を惜しみなく他の選手にも伝える姿勢に、若手からの信頼も厚い。38歳になったベテランは、実力のみならず人間性も背番号「6」を継ぐに相応しい男だといえよう。

FILE 11

緒方の「9」、古田の「27」、赤星の「53」……

各球団を悩ませる後継者不足――偉大すぎる準永久欠番の行方

文◎坂井健太

準永久欠番の継承は、なかなか決まらない場合もある。中には、譲渡を球団から告げられながら、「恐れ多い」と断わってしまうケースも。現在、準永久欠番となっている背番号は、どのような行く末を辿るのだろうか。

我々は共に闘って来
今までもこれからも
未来へ輝くその日ま
君が涙を流すなら
君の涙になってや
Carpのエース 黒田博
TOYO

2006年、広島ファンのアクションが黒田を残留させた。ファンも「15」の復活を望んでいるが……。

捕手の番号を自分色に染めた藤川

2012年オフ、念願だった海外FA資格を手に入れた阪神の藤川球児は、4球団ともいわれる争奪戦の末、カブスへの移籍を決めた。かねてからメジャー志向が強かった藤川は、2007年オフにポスティングでのメジャー移籍を要望したが、球団は拒否。以来5年間、メジャーへの思いを封印し、チームの勝利に貢献し続けた。

そんな守護神に対し、球団は藤川の背番号「22」を準永久欠番とすることを発表。誰もが藤川の後継者に相応しいと認める選手が現れるまで、「22」が着用されることはないという。

藤川にとって、「22」は思い入れの強い番号だ。1999年に入団したときの背番号は「30」。なかなか芽が出ず、02年に自身の名前である「きゅうじ」に掛けた「92」に変更した。

2005年からは横浜の佐々木主浩、ヤクルトの高津臣吾らが背負い、守護神の代名詞ともいえる「22」を与えられた。これには普段、感情を滅多に表さない藤川も「佐々木さん、高津さんと同じ背番号で光栄です」と、気持ちを昂ぶらせていたという。

2005年からJFKの一角としてセットアッパーを任されると、当時のシーズン最多登板記録である80登板を達成。最優秀中継ぎ投手に選ばれる飛躍の年となった。翌年からはクローザーに定着し、プロ14年間で球団記録となる220個のセーブを積み重ねた。

阪神の「22」といえば、かつては田淵幸一、木戸克彦が受け継いできた正捕手の系譜だった。それを実力ひとつで己の代名詞へと変えた藤川。球団も「他の選手に渡せば、背番号のプレッシャーで伸び悩むことになるだろう」と、安易な譲渡を認めない方針を固めた。

藤川が去った後、阪神の新守護神に指名されたのは、昨シーズンまで先発ローテーションを任されていた久保康友。2013年の時点で32歳。ロッテからトレードで移籍してきた久保に「藤川の後継者」のイメージはなく、「22」を背負うに相応しい若手の台頭が望まれるところだ。

巨人時代も空き番となった小久保の「9」

同じく2012年限りで準永久欠番入りとなったのが、小久保裕紀が着用していたソフトバンクの背番号「9」だ。長きにわたりキャプテンとしてチームをまとめ上げ、リーグ優勝5回、日本一3回の原動力となるだけでなく、個人としても怪我を乗り越え2000本安打を達成。この記録を置き土産に、ファンから惜しまれつつ引退の花道を飾った。

決して順風な現役生活とはいえなかった。1997年に発覚したプロ野球脱税事件の主犯格として有罪判決を受け、8週間の出場停止を言い渡された。首、肩、膝と立て続けに怪我に見舞われ、ベンチでチームの日本シリーズ敗退を見届けたこともあった。

2003年オフには、高塚猛社長（当時）との確執が発端となり、巨人に無償トレードという形で放出される。

それでも福岡のファンは、ひたむきに野球に取り組む小久保を見捨てはしなかった。2004年に球団を買収したソフトバンクの孫正義社長も、小久保の番号を誰にも明け渡すことなく、「ぜひ小久保君には福岡に戻って欲しい」とラブコールを送り続けた。

小久保もその熱意に応え、FA資格を取得した2006年オフに復帰を決意。4年ぶりに背番号「9」が縫いつけられたホークスのユニホームに袖を通し、現役を終えたのだった。

引退を決めたばかりの小久保が自ら後継者に指名したのが、3年目の柳田悠岐。まだレギュラーを掴むことはできていないが、天性の長打力は小久保以上のものがあると評価は高い。小久保もこだわったホームランを量産することができれば、背番号「9」はグッと近づくはずだ。

広島が待望する緒方に並ぶ逸材

広島の準永久欠番となっていた背番号「7」は、前任者の野村謙二郎が認めた堂林翔太に受け継がれた。しかし、緒方孝市の背番号「9」はいまだに封印されたままだ。

無名の高校球児に過ぎなかった緒方の入団時の背番号は「37」。ところが1995年に当時の監督である三村敏之が緒方の才能に惚れ込み、現役時代の自分の背番号である「9」を強引に着けさせた経緯がある。

球団としてはかつての三村のように、前任者の緒方が惚れ込む逸材が現れない限り「9」の解禁を認めない方針だ。

しかし、そんな選手はなかなか現れないだろう。それだけ緒方が残した記録が偉大だからだ。通算1506安打、241本塁打、268盗塁。盗塁王3回、ゴールデングラブ賞5回を誇り、球史に残る「走攻守揃ったオールラウンダー」と呼ばれた。

広島に対する愛情が強いことも、球団が背番号「9」の継承のハードルを上げた要因だろう。99年に自身初の3割30本をマークし、そのオフにＦＡ資格を取得。複数球団が「ＦＡ宣言したら獲得に乗り出す」と表明し、巨人の長嶋茂雄監督は「絶対に欲しい選手」と絶賛した。

だが「チームとファンに愛着がある」と語り、ＦＡ資格を行使することなく残留を決めたのだった。

そんな緒方の後継者に名乗りを上げた若手外野手がいる。天谷宗一郎と丸佳浩の２人だ。一軍に定着したばかりで、まだまだ緒方の域にはほど遠いが、偉大な背番号を勝ち取るために２人は日々切磋琢磨している。

赤星の「53」があわや外様選手に

阪神は２０１２年オフに日本球界復帰を決めた前ヤンキースの五十嵐亮太獲得に際し、ヤクルト時代にも着用していた背番号「53」を用意した。最大限の誠意を見せたのだろう。

だが、このニュースは多くの虎ファンの反発を買うことになる。五十嵐に与えようとした背番号は、かつて『レッドスター』の異名で愛された赤星憲広のものだったたからだ。

入団1年目から盗塁王に輝き、新人王、ゴールデングラブ賞を受賞。通算でもセ・リーグ記録の5年連続盗塁王、ゴールデングラブ賞に6回輝き、2003、05年のリーグ優勝時には走攻守の要としてチームを引っ張った。

ドラフト4位で阪神に入団を果たした赤星だが、当初は首脳陣からの評価が低く、「53」の背番号を与えられたときには「俺は〝ゴミ〟か」と言い放ったという。

しかし、新人王を獲得したことで評価は一変。シーズンオフには若い背番号への変更を打診されたものの、「1年目から活躍できたから、自分にとって『53』は縁起の良い番号になった。この背番号を自分の色に染めたい」と拒否し、9年間の現役生活を同じ背番号で全うした。

球団側も二度のリーグ優勝の立役者となった赤星に敬意を表し、引退後は然るべき後継者が出るまで「53」を準永久欠番としたはずなのだが……。

結局、五十嵐はソフトバンク入りを決め、「53」が外様選手に渡ることはなかった。だが、毎年FA市場での大物獲得に乗り出している阪神だけに、また交渉の切り札に使われる可能性も高い。

そもそも赤星の後を継ぐに相応しい、優秀な生え抜き選手が出現すればこんな問題は起こらないはずだが、今の阪神にそれを望むのは酷であろう。

古田の代わりは古田しかいない!?

準永久欠番であるヤクルトの背番号「27」は、このまま誰にも着用されることはなさそうだ。古田敦也の存在が大きすぎるからである。

強肩と頭脳的なリードで球界随一の捕手となった古田。バッティングでも恩師の野村克也以来、捕手としては史上2人目の首位打者と2000本安打を記録した。2006年からはこれも野村以来29年ぶりの選手兼監督に。だが2年目のシーズンで最下位になった責任を取り、現役引退と監督退任。球団では古田の功績を讃え「27」を名誉番号とした。

球史に名を残す選手だけに、引退して5年以上が経った今も古田とその背番号の影響力は強い。2009年オフに横浜からFA宣言した相川亮二獲得に際しては、正捕手の補強が急務だったヤクルトは古田の背番号「27」の譲渡を提示。最大限の誠意を示したが、相川は「恐れ多い」と辞退し「2」を選んだ。

若い捕手が伸び悩むヤクルトの現状では、古田の後継者と呼べる選手が現れるとは考えにくい。背番号「27」を着けられるのは、監督となって戻ってきた古田自身だけなのかもしれない。

古田の偉大さを知る者は「27」を簡単には受け取れない。

「15」を空けて黒田を待つ広島

将来有望な選手や活躍が期待できる移籍選手に与えられるのが常識である準永久欠番だが、広島の背番号「15」だけは趣が異なる。球団は、若手に譲る気など一切ないというのだ。

広島の「15」は、かつてのエース・黒田博樹が11年にわたって着用した背番号。2007年オフにドジャースへ移籍してからは、久しく空き番号となっている。それは黒田の後を継がせる投手がいないからではない。黒田がいつ広島に復帰してもいいように、「15」を空けて待っているというのがその理由である。

日本で103勝を挙げた右腕は、アメリカに渡っても抜群のコントロールを駆使し、安定したピッチングを披露している。メジャー生活5年間で57勝を積み重ね、2012年に移籍したヤンキースでは自己最多の16勝をマークした。

38歳を迎え、肉体的にはピークを過ぎたとはいえ、投球術にはさらに磨きがかかっている。2013年の年俸は12億円以上ともいわれ、広島が黒田を呼び戻せる可能性は今のところ低い。

それでも球団は、黒田の復帰を諦めていない。2012年オフ、他球団からヤンキースの提示額を大きく上回る高額オファーがありながら、共に戦った仲間とのプレーを選び残留を決意。しかも1年契約を選択したことで、「黒田は金より人間関係を重視する選手。1年契約は全盛期のうちに広島に戻るため」と、広島の球団首脳陣は考えているようだ。

黒田は以前、「日本球界に復帰するなら、広島しか考えられない」と語っていたが、それはあくまで日本に帰ると仮定しての話。黒田が広島の「15」を着け、マウンドに上がる日は果たして訪れるのだろうか。

野村元監督の「19」継承を目指す嶋

選手だけでなく、偉大な功績を残した監督が着用した背番号も、準永久欠番となるケースがある。

『球界の親分』こと大沢啓二が、日本ハムの監督時代に着用していた「86」。1994年に「土下座辞任」で退団してから20年近くもの長い間、誰にも着けられることなく眠ったままになっている。

1981年には当時弱小チームだった日本ハムを19年ぶりのリーグ優勝に導き、ファームの施設を充実させ若手育成にも大きく貢献した。晩年は野球評論家としても活躍し、日本ハムだけでなく、日本球界の発展に尽力した人物。

2010年に大沢が死去した際には、球団では背番号「86」の永久欠番入りも検討されたという。もし永久欠番にならなくとも、恐れ多くて着用できる人間はいないだろう。

球団創設以来、Bクラスが続いた楽天を初めて2位に押し上げ、クライマックスシリーズ第2ステージに進出させた名将・野村克也。楽天は球団史上最高の功労者に対し、着用していた背番号「19」を永久欠番にすることを打診したが、野村は拒否。準永久欠番とすることで、野村を讃えることになった。

監督就任を要請され、「原点に戻る」意味で現役時代と同じ「19」を背負った野村。現在は楽天の正捕手である嶋基宏が、入団会見で「野村監督が現役時代に着けていた背番号『19』が欲しい」と語り、野村も「いい捕手になったら譲る」と了承。有力な後継候補となっている。

COLUMN

漫画、伝説の中継ぎ投手……福岡ソフトバンクホークスの準永久欠番

現在ソフトバンクでは、川崎宗則の復帰に備え「52」と王貞治前監督の「89」が準永久欠番となっている。ほかにも、漫画のキャラクターや2000年に亡くなった中継ぎエースの背番号も、準欠番扱いとなっている。

文／ランディ掛岡

現実世界でもあぶさんの「90」は欠番に！

福岡ソフトバンクホークスには、変わった準永久欠番がある。「ビッグコミックオリジナル」で連載中の人気漫画「あぶさん」の主人公が背負う「90」が、現実の世界でも準永久欠番となっているのだ。

まず、あぶさんこと景浦安武が、いかに凄い選手であったかを紹介しよう。1972年、ドラフト外で南海に入団。物干し竿と呼ばれるバットを握り、主に代打屋として活躍。外野手としてスタメン出場を始めると、1991年から3年連続で三冠王を獲得。1994年には日本新記録のシー

ズン56本塁打、07年には史上初の打率4割を達成している。

ホークス一筋でプレーし、2009年をもって37年間のプロ生活に別れを告げた。62歳でのプレーは、もちろんプロ野球記録。あくまでも漫画の話だが、永久欠番に相応しい実績を残しているのは間違いない。

「90」が準永久欠番となったのは、あぶさんが引退したからではない。原作者の水島新司氏は連載開始前、当時の野村克也監督（南海）に、あぶさんの〝入団交渉〟を行っている。野村監督は、あぶさんがのんべいキャラであることを気に入り、「酒飲みの瞬発力は、しらふの人間よりもあるぞ」と入団を認めたという。

それ以来、選手では珍しい「90」は、ホークスで誰一人つけることのできない背番号となった。ある新任コーチが背番号「90」を希望したところ、球団から「それは、あぶさんの番号だから」と断わられたこともあったという。

現実と漫画がかなり混同しているが、極めつきは2009年10月。現実のソフトバンクは試合終了後、「福岡ソフトバンクホークス背番号90　景浦安武　引退セレモニー」を行っている。水島新司氏に加え、王貞治球団会長、秋山幸二監督ら多くのチーム関係者も参列。水島氏があぶさんのスピーチを代読すると、球場から大きな拍手が湧き起こった。

あぶさんは（漫画の）王監督から要請を受け、2013年から一軍助監督に就任。もちろん、背番号は「90」のままだ。連載が続く限り、準永久欠番としての扱いは変わることがないだろう。

藤井将雄投手の「15」は事実上の永久欠番

ソフトバンクでは「15」も準永久欠番となっている。2000年10月、肺ガンのため31歳の若さで逝去した藤井将雄投手の背番号「15」は、翌年から欠番のままとなっている。

藤井投手は1994年、ドラフト4位で日産自動車九州からダイエーに入団。1997年から中継ぎに転向すると、99年には最多ホールド賞を獲得。中継ぎエースとして、チームのリーグ優勝に大きく貢献した。

だが、同年の日本シリーズ中に胸部の痛みを訴え入院。検査の結果、肺ガンであることが明らかとなった。その翌年、チームは「藤井のためにも」と奮起し、リーグ連覇を達成。当時の中内正オーナー代行は「彼は今年も選手みんなの支えになってくれた」と賛辞を贈り、V2の功労者として何らかの形で功績を讃えることを明らかにした。

そして、2001年から、藤井投手の背負った「15」が準永久欠番となることが決まった。チームがソフトバンクとなってからも、球団内で「15」を譲渡する動きはない。「15」は事実上の永久欠番といって差し支えないだろう。

【第3章】

永久欠番をめぐる裏エピソード

文／織田淳太郎

FILE 12

鈴木啓示の「1」、大下弘の「3」……

球団消滅で永久欠番も消滅！最大の栄誉を失った名選手たち

鈴木はあくまでも「近鉄」での背番号に拘り続けた。

一度は永久欠番の栄誉を受けながら、それが消滅してしまった例がある。球団の合併や消滅により、永久欠番という野球人最大の栄誉まで失ってしまったのだ。特にパ・リーグ球団で、同様の悲劇が相次いでいる。

鈴木啓示はオリックスでの欠番を拒否

近鉄は文字通りのお荷物球団だった。とにかく弱い。1950年、「近鉄パールズ」の名称でパ・リーグに参戦するや4年連続の最下位。1958年からも5年連続の最下位に甘んじ、1960年代後半から1970年前半にかけても、ほとんどBクラスをひた走った。

その弱小・近鉄の投手陣を孤軍奮闘で支えたのが、通算317勝をマークした「草魂」鈴木啓示の左腕である。

鈴木は1965年、ドラフト2位で近鉄に入団した。2年目の1967年から5年連続で20勝以上をマーク。20年の現役生活で8度の20勝以上、2ケタ勝利は15年連続を含む18回を記録し、3度の最多勝も獲得した。

その鈴木の背番号「1」が、引退を待つことなく、パ・リーグ初の永久欠番になった。1985年7月のことである（同年引退）。この球団による異例とも言える措置は、その実績もさることながら、彼が終始「近鉄愛」を貫いてきたことと無縁ではないだろう。

鈴木は後年、こう口にしている。

「今の選手は育ててもらっても、数年したらスッと出ていく。球団は踏み台にされているような状態です。僕は当時ＦＡがあったとしても、アメリカには行っていないです。近鉄に感謝しながら、近鉄に骨を埋めます」

２００4年11月、その愛し続けてきた近鉄球団が、経営難のためオリックスに吸収合併され、プロ野球から事実上消滅した。それに伴って、オリックスの球団代表から鈴木の許にこんな電話が入っている。

「永久欠番、空けときましょうか?」

その申し出に、ここでも鈴木は近鉄に拘った。

「自分の永久欠番はあくまでも近鉄でのもの。新生オリックスとしてスタートされるんですから、どうぞ使ってください」

その頃、オリックスの「1」は、内野手の後藤光尊が背負っていた。鈴木の進言によって、「1」はそのまま後藤に引き継がれることになり、鈴木の永久欠番もこれを機に失効してしまう。

「打診なく使われていたらヘソを曲げていたかもしれないけど、ちゃんと話してくれたので、すっきりしました」

２０１1年8月14日、オリックスが近鉄のユニホームを着て臨んだ西武戦。鈴木は背番号1を背負って始球式に臨んでいる。

東映監督就任で欠番失効の大下弘

球団の消滅が、せっかくの永久欠番まで失効させる。阪急の福本豊などは1984年、通算の盗塁世界記録を樹立したことで、球団がその「7」を永久欠番にすることを決めたが、「まだ現役なので」と本人が固辞。奇しくも1988年の引退時に、球団がオリックスに買収されたことで、永久欠番の話も自然消滅した。福本の場合、国民栄誉賞の授与も現役を理由に固辞しているので、二つの大きな名誉を取り逃したことになる。

もっとも、この不遇に見舞われたのは、プロ野球にあって鈴木や福本だけではない。古くは、プロ野球の隆盛期に空前絶後のホームランブームを巻き起こした大下弘がいる。大下はプロ野球が再開された1946年、明大を中退し、セネタースに入団。1952年には西鉄に移籍し、稲尾和久、中西太、豊田泰光などと共に西鉄黄金時代を築いた。

それぞれ3度の首位打者と本塁打王の獲得。1試合7安打の日本記録も持つ大下に対して、西鉄はセネタース時代からつけていたその背番号「3」を、「大下選手の同意を求めた上で、大下選手の名に恥じない選手が出れば、その選手に渡す」と、準永久欠番扱いにしている。

１９６８年、大下は東映フライヤーズの監督に就任した。ことのき「３」をつけたこともあり、西鉄は同年、中日から移籍した広野功に「３」を継承。この時点で、西鉄における大下の欠番措置は解除された。

だが、西鉄はその後、太平洋クラブとクラウンライターに身売りされ、１９７９年には西武に買収される。仮に大下の「３」が欠番として残っていたとしても、失効の憂き目は免れなかったかもしれない。

ましてや、当時の西武は、堤オーナーの意向もあり、西武の野武士軍団的なカラーを一掃しようとしていたという。

中西太の「6」譲渡を薦めた稲尾和久

そう考えると、中西太の「６」の欠番が失効するのも、ある意味で時間の問題だったのかもしれない。中西は西鉄黄金時代の、まさに主砲だった。プロ２年目の１９５３年、弱冠20歳で本塁打（36本）、打点（86点）の2冠を獲得。西鉄が3年連続の日本一に輝いた１９５６～58年には、いずれも打率３割超、20本塁打以上をマークした。

手首を痛めたこともあり、1962年以降は監督兼任。本塁打王5回、打点王3回、首位打者2回の錚々たる実績を残して、1969年に引退し、監督の座も降りた。

大下の「3」同様、球団はこの中西の背番号6に対しても、「相応しい選手が出てくるまで欠番とする」との措置をとった。

が、その3年後に太平洋クラブがチームを買収すると、当時の稲尾和久監督が中西に「新球団になったのだから、(6は)もう譲ってもいいんじゃないか」と進言した。中西もこれを了承し、「6」は内野手の菊川昭二郎に継承され、さらにその2年後に白仁天へと受け継がれる。

中西に「6」の譲渡を進言した稲尾は、おそらく西鉄最大の功労者である。稲尾は1956年、別府緑丘高から入団した。その年、いきなり21勝、防御率1・06をマークし、新人王を獲得。翌1957年から3年連続の30勝以上を挙げると、61年には実に全試合の半数を超える78試合に登板(404イニング)。ビクトル・スタルヒン(巨人)と並ぶ、シーズン42勝の史上タイ記録をマークした。

いまも語り草になっているのが、3年連続となった1958年の巨人との日本シリーズである。稲尾は7試合中6試合に登板。3連敗と後のない状況から連投に次ぐ連投で、西鉄に4連勝の逆転日本一をもたらせた。しかも、5戦目にはシリーズ史上初となるサヨナラ本塁打を自ら放った。

この巨人を破っての日本シリーズ3連覇が、稲尾の存在を賞賛の極みへと昇華させる。彼は「神様、仏様、稲尾様」と呼ばれた。

生前に与えたかった稲尾への永久欠番

稲尾が引退したのは、監督兼任の中西と同じ1969年。その中西を引き継ぐ形で、1970年に監督に就任すると、そのまま現在時代の背番号「24」を背負った。が、1972年オフの太平洋クラブのチーム買収を機に、「81」へと背番号を変更する。このとき、「24」を永久欠番にすることを新球団に持ちかけられたという。「(6は)もう譲ってもいいいんじゃないか」と中西に進言した手前もあったのかもしれない。あるいは、近鉄の鈴木のように「24は西鉄でのもの」という気概があったことも考えられる。

稲尾はその申し出をひとまず保留にし、「24」は投手の古賀正明に受け継がれた(西武時代には外野手の秋山幸二や平野謙が「24」をつけた)。

それから35年後の2007年11月13日、稲尾が悪性腫瘍のため世を去った。享年70歳。ここから彼の存在の煌きが、より大きな意味を持って関係者に迫ってきたのかもしれない。

同年12月、その生前の功績を称え、日本政府は稲尾に旭日小綬章を授与することを閣議決定した。それから4年半後、稲尾の生誕75周年を記念して、今度は西武が稲尾の「24」を永久欠番とすることを決定する。

海の向こうに目を向けると、黒人初のメジャーリーガー、ジャッキー・ロビンソンの功績を称え、毎年4月15日に全球団がロビンソンの「42」をつけて試合を行うことを慣例化させていた。それに倣って、2012年7月1日と同4日には、西武も稲尾の「24」をつけて試合に臨んだ。

その死後、矢継ぎ早に授与された栄光の数々。球団が消滅しているとはいえ、ならば、せめて永久欠番措置だけは生前に行うべきだったのではないか。

稲尾の元同僚・豊田泰光は、こう手記に綴っている。

「永久欠番に関しては、いろいろ考え方もあるでしょうが、稲尾ほどの大投手だったらね、当然すぎる話です」

たしかに、遅きに逸した感は拭えない。

FILE 13

“エースナンバー”は欠番の対象外

巨人のエースは「17」から「18」へ！
球史におけるエースナンバーの功罪

巨人の 18 番は堀内から桑田へと受け継がれた。

各球団がエースナンバーとする「18」は、いつごろから認知されたのだろうか。エースが背負う番号として定着後、さまざまな問題も浮き彫りとなってきた。まずは、エースナンバーへと昇華した理由を掘り下げてみよう。

阪神で「18」は裏切りの背番号

2013年現在、プロ12球団で背番号「18」を背負う選手は9人に上る。巨人・杉内俊哉、広島・前田健太、西武・涌井秀章、楽天・田中将大――。

その多くがエース格であることは、もちろん偶然ではない。と同時に、「18」が永久欠番になりにくい理由も、ここに隠されている。

では、「18」はいつからエースナンバーとして球界に定着したのか。巷間言われているのが、巨人がその礎をつくり、V9時代のエース・堀内恒夫が「18」のイメージを球界全体に浸透させた――というものである。しかし、巨人がエースナンバーとしての礎を築いたというのは、やや早計の感が強い。

職業野球チーム同士の初の試合が行われたのは1936年。その当時、「18」をつけた有名投手と言えば、巨人の前川八郎、タイガース（阪神）の若林忠志、セネタースの野口明……と、それほど多くはない。このことは、当時にあって「18」がことさら特別な背番号でなかったことを意味する。

「18」をつけた上記の3人の中で、永久欠番に値する成績を残したのは、タイガースの若林である。ハワイ・オアフ島出身の若林は、マッキンレー高時代に捕手から投手に転向した経歴を持つ。1928年、カリフォルニア州の日系チーム・大和軍のメンバーとして来日。そのまま法政大に進んだ。職業野球創設期にはこの若林を巡って、巨人、タイガース、阪急が激しい争奪戦を繰り広げた。結局、若林から要求された支度金1万円の破格の条件を呑んだタイガースが、争奪戦を制した。

そもそもプロ野球の黎明期において、投手は13番以降の背番号をつける慣例があったという。しかし、タイガースだけは姓の「イロハ」順に背番号を決めていた。その順番で言うと、若林の背番号は「4」になるはずだったが、「死」を連想させるとして若林がこれを拒否。空き番号の中で一番若い「18」を選んだ。

この背番号「18」がプロ4年目の1939年、「七色の魔球」を駆使して大ブレイクした。28勝をマークし、防御率は驚異の1・09。1944年まで防御率1点台をキープし、シーズン20勝以上も6回記録した。1944年には最多勝と最優秀防御率の二冠を獲得している。

戦後は夫人の実家がある宮城県石巻で、水産会社の経営に当たっていた。が、プロ野球が再開された1946年、孤軍奮闘チームを引っ張る藤村富美男の姿に触発され、チームに舞い戻った。復帰2年目の1947年、39歳で26勝をマーク。1949年には41歳にして15勝を記録した。通算237勝144敗。防御率1・99は賞賛に値する。

タイガース転じ阪神において、この若林の背番号「18」がなぜ、永久欠番にならなかったのか。永久欠番に追悼的な意味が込められていた当時、生存中の若林には適用できないという球団の暗黙の判断があったことも否定できない。一方で、若林が阪神を見限る形で毎日に移籍したのが、その大きな要因だったとも言われている。

たしかに、「18は裏切りの背番号と見られていた」という一部の主張は、的を射ているかもしれない。その後、阪神のエースナンバーが「11」に移行し、永久欠番になったことは（村山実）、いかにもそのことを示唆しているだろう。

もっとも、若林が「18」を背負ったのは、1936年から41年までのわずか6年間にすぎない。1942年にはその2年前に監督に転じていた元主砲の松木謙治郎の「30」を、なぜか譲り受けている。

若林が再び「18」をつけたのは、戦後にチーム復帰を果たした1946年だった。翌1947年には再度「30」に戻し、毎日に移籍してからは「33」をつけた。若林自身、「18」にそれほど頓着なかったことが、ここから見てとることができる。しかし、時代の潮流は本人のあずかり知らないところで、一つの価値観を形成していく。この「七色の魔球」を持つ大投手の出現によって、以後のプロ野球が「18」をエースナンバーにしていくプロセスは、球史が如実に物語っている。

永久欠番からの暗黙の除外措置

甲子園優勝投手の野口二郎が鳴り物入りでセネタースに入団したのは、若林が大ブレイクした2年後の1939年だった。野口は前出、野口明の弟である。兵役に赴いた兄から譲り受ける形で、入団してすぐ「18」を背負った。

1年目にいきなり33勝をマーク。1940年から2年連続の防御率1位となり、大洋に移籍していた1942年には40勝17敗、防御率1・19、264奪三振で、最多勝と奪三振王に輝いた。打者としても活躍し、阪急に在籍していた1946年には、31試合連続安打も記録した。

甲子園で夏の連覇を成し遂げた真田重蔵は、野口に遅れること4年後の1943年、朝日に入団した。松竹時代の1951年まで、背負ったのは一貫して「18」。1950年にはいまもセ・リーグ記録となる39勝で最多勝を獲得、リーグ優勝に貢献した。さらに、1956年に引退するまで2度のノーヒットノーランも記録した。この真田もまた、打者との二足の草鞋を履き、1950年から3年連続で打率3割以上をマークしている。

以後、プロ野球には背番号18のユニホームを纏った好投手が、続々と誕生した。1956年に阪急入りした米田哲也は、野口二郎から国頭光仁へと継承された「18」を、入団と同時に譲り受けた。

「ガソリンタンク」と呼ばれたそのタフネスぶりが物語るように、米田は22年のプロ生活で歴代1位となる949試合に登板。金田正一に次ぐ歴代2位の350勝をマークした。奪三振3388も歴代2位の記録である。

背番号18は阪神に移籍する1975年のシーズン途中までつけた。奇しくもこの年、20勝投手の安仁屋宗八が広島から阪神に移籍。ドラフト1位投手の谷村智啓から奪い取る形で、そのまま「18」をつけていた。そのため米田は「18」を諦め、「38」を背負うことになる。一方の安仁屋は1980年、広島に舞い戻るまで「18」を背負った。

その頃、広島では韓国籍の松原明夫、後の福士敬章が「18」を背負っていた。福士は1968年、ドラフト外で鳥取西高から巨人に入団した。巨人時代は1勝もできなかったが、南海に移籍していた3年後の75年に11勝をマークし、ようやく才能の片鱗を見せた。しかし、本当の意味で実力を開花させたのは、広島に移籍した1977年からである。

1978年と80年に15勝をマーク。80年の広島日本一の立役者になり、81年にも12勝を記録した。1983年には本名の張明夫で、韓国プロ野球の三美スーパースターズに移籍。同年、30勝16敗の驚異的な成績を残している。

広島において、この福士がつけていた背番号「18」は、白武佳久を経て、1990年にドラフト1位投手の佐々岡真司に受け継がれ、さらに08年にはプロ2年目の前田健太に継承された。

「18」と言えば、松坂大輔の存在も忘れることはできない。横浜高から鳴り物入りで西武に入団した松坂は、1999年のプロ1年目から一貫して「18」を背負ってきた。2007年に移籍した米レッドソックスでも「18」をつけたが、これは本人が希望したことである（メジャーには18を神聖視する風潮がない）。

2013年、松坂はインディアンスとマイナー契約をした。しかし、同番が永久欠番になっていたことで、初めて「18」以外の背番号（「20」）をつけた。この松坂や前田の存在が物語るように、現在のプロ野球が「18」をエース、あるいはエース候補の指定席にしているのは、冒頭で説明した通りである。

若林から始まり、前田に至る背番号「18」の系譜。しかし、そこに皮肉な慣習が生まれたことも付け加えなければならない。エースナンバーとして、あくまでも球団が所有するという概念。つまり、永久欠番からの〝暗黙の除外措置〟という動きが、それである。

では、その概念を広めたとされる巨人の「18」は、どういうプロセスを辿ったのか。

伝説の投手が背負った巨人の「17」

前記したように、巨人軍における背番号「18」の第一号は、球団創立期の1936年に入団した前川八郎である。実働4年間（1938年まで巨人。46年は阪急）で残した成績は、21勝23敗。少なくともエース格とは言い難く、彼の「18」は1939年、京都商から入団した中尾輝三（後に「碩志」と改名）に引き継がれた。

この年、中尾はルーキーながら12勝をマーク。11月3日のセネタース戦では、早くもノーヒットノーランを達成した。1940年からは2年連続の26勝。1941年7月16日の名古屋戦で、2度目のノーヒットノーランを達成している。1957年の引退までの成績は、209勝127敗、防御率2・48。

中尾はノーコン投手として知られていた。最初のノーヒットノーランでは与四球10、2度目のそれでは与四球8という有様だった。通算1436与四球はいまも不名誉な球団記録である。

実際、当時の巨人にあって、中尾はエース格に躍り出たことは一度もない。戦前は沢村栄治とスタルヒンに次ぐ三番目の投手。戦後も藤本英雄や別所毅彦などにエースの座を譲り、自らは二番手、あるいは三番手に甘んじた。これは、18を背負った若林忠志の

「七色の魔球」が球界を席巻していた当時、巨人がいまだ同背番号を神聖視していなかった証拠でもある。

巨人のエースナンバーと言えば、むしろ「17」だった。職業野球が始まった1936年、まずこの「17」を背負ったのは、ロシア生まれのビクトル・スタルヒンである。通算303勝176敗。1937年にノーヒットノーランを達成したほか、39年には42勝のシーズン日本記録を打ち立てるなど、計6度の最多勝に輝いた。彼の残した通算最多完封勝利83も、いまだ日本記録として破られることがない。

このスタルヒンの「17」は、西鉄から移籍してきた近藤貞雄へと1946年に継承された。巨人時代（1944〜47）の近藤は、46年に23勝をマークした以外、パッとした成績を残していない。しかし、1948年に藤本英雄に背番号が受け継がれると、「17」の存在感は再び輝きを取り戻す。

藤本は巨人入団2年目の1943年、34勝11敗、さらに0・73という驚異的な防御率を残し、最多勝と防御率1位の二冠を獲得していた。同年、ノーヒットノーランも記録。1947年に中日に移籍したが、翌48年に巨人へ復帰。前記したように、このとき「17」を背負った。

巨人復帰3年目の1950年、その「17」のユニホームを纏った藤本が、息を呑むような大記録を打ち立てる。6月28日の西日本戦で、史上初の完全試合を達成したことだった。同年、26勝をマーク。それから5年後の1955年、藤本は通算200勝87敗、防御率1・90の成績を残してユニホームを脱いだ。

巨人における背番号「17」の系譜。1935年、大日本東京野球倶楽部（巨人の前身）が、初めて米国遠征を敢行したときの「十七」も、あの沢村栄治である。巨人の「17」がいかに伝説の名投手によって彩られていたかが、いかにも浮き彫りにされてくるだろう。

そのエースナンバーが、なぜ「18」へとすり替わってしまったのか。

藤田と堀内の活躍でエースナンバーに

中尾の背番号「18」が別の有望投手に継承されたのは、1958年のことである。譲り受けたのは、その前年度に日本石油から巨人に入団した藤田元司だった。もっとも、この背番号に、当初の藤田は特別な思いを抱いていたわけでない。

藤田はこう振り返っている。

「実は僕は11番が欲しかったんです。日本石油時代につけていたので、そのままもらえたらいいなと考えていたんですが、11番は別所さんがつけていた背番号ですから、それはかなうはずがない。だったら何番でもいいです、と与えられたのが21、そして2年目からの18だった。最初は好きでも何でもない番号でね……」

皮肉にもこの藤田が「18」を背負ったことで、巨人における同背番号はにわかにその存在価値を高めていく。「21」をつけていた1957年、藤田は17勝をマークし、新人王を獲得した。背番号が「18」に変わった1958年は、29勝13敗。翌1959年には最多勝となる27勝11敗をマーク、前年度に続くMVPを獲得し、3年連続のリーグ優勝に貢献した。

入団からわずか3年で73勝。その過程で「18」は名実ともに巨人軍のエースナンバーとして躍り出た。だが、藤田の快進撃はこの年を最後に、一気に終息を迎える。登板過多による肩の故障がすべての原因だった。

1964年、引退。プロ8年の通算成績は、119勝88敗、防御率2・20。藤田は巨人の投手コーチに就任すると、そのまま「18」を背負った。

堀内恒夫が第一回ドラフト会議で、甲府商業から巨人に1位指名されたのは、藤田のコーチ就任1年目のオフのことである。新人・堀内に与えられた背番号は、奇しくも藤田が新人時代につけていた「21」だった。

プロ1年目の1966年、21を背負った堀内は、16勝2敗、防御率1・39をマークし、新人王、防御率1位、最高勝率、沢村賞獲得……と、主要タイトルのほとんどを手中にした。それも、開幕13連勝と44イニング連続無失点（5月30～6月22日）を記録するなど、新人とは思えない活躍を見せている。

象徴的なのは、堀内が登場したこの年から巨人が不滅のV9をスタートさせたことである。一気にエースへと上り詰めた堀内に、藤田の「18」が継承されたのは、当然の成り行きだった。藤田は自らの背番号「18」をひっくり返した「81」に変更した。

デビューから13年連続の2ケタ勝利をマーク。引退までの18年間で12度のリーグ優勝、9度の日本一達成に貢献し、堀内はONとともにV9時代の主役へと祭り上げられていく（通算203勝139敗）。

「V9時代のエース」という称号。これが、背番号「18」そのもののイメージと密接に絡み合うまで、それほど時間はかからなかった。

そして、他球団の多くがエースナンバーとして認知しつつあった「18」は、この常勝・巨人軍の大エースの活躍とともに、特異な光彩を発して、球界の高みへと飛翔することになる。2006年に世を去った藤田は、生前こう口にしている。

「最近こそ、松坂がつけている18はエース番号という見方が強くなってきたと思うけど、それまでは確かに18がエース番号だというのは、巨人が一番拘っていたのかもしれない」

この「18」を、巨人が球団預かりのエースナンバーとして、暗黙裡に永久欠番から除外した。一方で、ONの「1」と「3」は、永久欠番になっている。この当然すぎる永久欠番措置が、9連覇の偉業を後ろ盾に個人の業績を称えたものならば、堀内の「18」

にもその資格が十分にあった。

しかし、「1」と「3」があくまでも個人を象徴していたのに対して、「18」のほうはすでに個人というカテゴリーを超え、プロ各球団のエースを象徴する公的なものへと姿を変えていた。

そう考えると、晩年を巨人で過ごし、V9達成を見届けることなく引退した金田正一の「34」が永久欠番になり、堀内の「18」が永久欠番から外れた理由も、ある程度の説得力を持って提示されてくるかもしれない。

見方を変えれば、堀内は「18」を背負ったがために、永久欠番選手としての恩恵から滑り落ちた——。いかにも皮肉な現象である。

「18」は入団交渉のダシとなることも

堀内の「18」はその後、PL学園から入団した桑田真澄（1985年、ドラフト1位）に受け継がれ、桑田のパイレーツとのマイナー契約（2007、同年引退）と同時に、球団預かりとなった。2012年、この「18」が5年間の空白を経て、再び巨人の表舞台に登場した。背負ったのは、ソフトバンクから移籍した杉内俊哉。巨人史上初となる左の「18」である。杉内はこう口にしている。

「18は伝統ある背番号。桑田さんや堀内さんなど、右の大投手というイメージがあるが、左の自分も恥ずかしくない成績を残したい」

いまや多くのエース候補が憧れる「18」。だが、昨今のプロ野球において、このエースナンバーが大物選手獲得のためのダシに使われてきたのは、少なくとも否定できない。

「入団した暁には……」と「18」の譲渡を示唆することだが、ドラフト時に早大進学の公言を翻し、一転巨人入りした先の桑田にしても、「18」を入団条件にしていたという。

一方では、その譲渡をごねて、元エースが球団と対立するケースもある。

堀内が引退して、すでに29年。功罪の「罪」が、むしろ浮き彫りにされる昨今、エースナンバー「18」には、どんな意味が込められるようになったのか。

かつて18を背負ったプロ野球のさるOBは、いみじくもこう口にした。

「18はある意味で不遇な番号だよ。18をつけて、いくら〝エース〟と持ち上げられても、引退したらすぐに次のエース格がつける。すぐに忘れられちゃうし、淋しいもんだよ。しかも、18をもらった投手は、どんなに頑張ったって永久欠番選手にはなれない。有望な投手は、いっそうのこと18以外の背番号をもらったほうがいいんじゃないかな」

FILE 14

メジャーの永久欠番は200超！

永久欠番に消極的な日本球界……野球における"文化的価値観"の相違

メジャーには全選手が「42」を着用する「ジャッキー・ロビンソンデー」がある。

メジャーでは空き番号が不足するほど、永久欠番が"乱発"されている。日本との違いは歴史の長さだけにとどまらない。個人主義のアメリカ。自己犠牲の日本。価値観の違いは、永久欠番の数にも表れている。

複数球団で欠番となる選手も

２０１２年現在、メジャー30球団の永久欠番は１７９。後述するジャッキー・ロビンソン（ドジャース）の「42」が全球団共有の永久欠番になっているので、これを含めると２００を超える。

面白いのは、この中で、まだ背番号そのものがなかった時代の選手だけでなく、球団オーナーや球団専属のアナウンサーまでが、永久欠番の恩恵にあずかっていることだろう。

無番号時代の代表格としては、タイガースのタイ・カッブ（外野手）、ジャイアンツのクリスティ・マシューソン（投手）など。球団オーナーとしては、エンゼルスの初代オーナー、ジーン・オートリーにベンチ入り25選手に次ぐという意味で「26」が、また財政難による球団の危機を救ったとしてパドレスのオーナー、レイ・クロックに、無番号ながら永久欠番が与えられた。専属アナウンサーに対するそれは、ジャイアンツ、カージナルス、タイガース、パドレスの４球団が実施している。

だが、メジャーにおける永久欠番の特徴は、これだけに留まることがない。一選手の永久欠番が複数球団に跨ることもあれば、一選手が複数球団でそれぞれの永久欠番を保持、はたまた同一球団の一つの背番号が複数選手の永久欠番として共有されることもある。

複数球団に跨る同一の永久欠番を持つ選手としては、755本塁打の記録を持つハンク・アーロンが知られている。本塁打の大半が21年を過ごしたブレーブス時代のもの。晩年の2年間を過ごしたブルワーズではわずか22本塁打に留まったが、彼の背番号「44」は両球団で永久欠番となった。

抜群の制球力で「精密機械」と呼ばれたグレッグ・マダックスの「31」も、カブスとブレーブスで永久欠番になっている。

一選手が複数の永久欠番を持つ例には、ノーヒットノーラン7回、5714奪三振の世界記録を持つノーラン・ライアンがいる。彼の場合、所属した4球団のうち、エンゼルス時代の「30」とアストロズ・レンジャーズ時代の「34」が永久欠番になった。

一方、同一球団で一つの背番号が複数選手の欠番になったのは、ヤンキースのヨギ・ベラとビル・ディッキー（いずれも捕手）の「8」など、メジャーで3例存在する。さらに、1997年には、黒人初のメジャーリーガーとなったジャッキー・ロビンソン（ドジャース）の功績を称えて、その「42」が全球団共通の永久欠番となった。

それ以外にも、現役中に不慮の死を遂げたという理由で、実績の薄い選手の背番号を永久欠番にした例もいくつかあり、ここまでくると、もはや栄誉の授与という範疇を超えて、「乱発」という感も拭うことができない。

それにしても、日本のプロ野球との何という違いか。本書で何度も書いているように、プロ野球の永久欠番はわずかに14。ファンための楽天の「10」、日本ハムの初代オーナー・大社義規の「100」、さらにロッテファンのための「26」を含めても、17にすぎない。

この両国の甚だしい格差は、いったいどこからくるのか。

近い将来、ヤンキースは10番まで欠番

一つは137年もの歴史を誇るメジャーに対して、プロ野球のそれが77年と比較的浅いことに起因しているだろう。その上、球団数も少なく、メジャーとは累積の所属選手数が桁外れに違う。

先に説明したように、メジャーは現在30球団存在し、そのすべてが3A、2A、1A、さらにルーキーリーグの下部組織を持っている。これらが独立してそれぞれの背番号を有しているため、メジャーがいくら永久欠番を乱発しても、下部組織が番号不足という事態に陥ることはない。

ただし、メジャーが欠番乱発の影響を受けて、背番号不足の事態に陥りつつあるのは事実である。1番から45番を見てみると、現在メジャー全体で空いている背番号は「38」しかない。

15もの永久欠番を有するヤンキースに至っては、10番までの若い背番号のうち、空いているのが「2」と「6」だけという有様である。「2」は1995年の入団からヤンキース一筋のスーパースター、デレク・ジーターの背番号。「6」はヤンキースをワールドシリーズ3連覇に導いた名将ジョー・トーリがつけていたもので、ヤンキースの10までの背番号がすべて永久欠番で埋まるのは、もはや時間の問題とされている。

一方、日本のプロ野球のほうはどうか。こちらは歴史が浅い上、下部組織は基本的に二軍しか存在しない。一、二軍が一まとめに背番号を共有しているため、そう易々と永久欠番を乱発することができない。背番号が足りなくなる恐れがあるからである。だが、両国の格差の理由は、それだけではない。実は、ここに双方の文化的価値観が、大きく絡んでくる。それを説明するためには、野球とは関係ない、やや堅苦しい話に耳を傾けてもらう必要があるだろう。

アメリカではびこる個人主義の暴走

WHO（世界保健機構）が出している『ICD10』という精神疾患の診断マニュアルの中に、「依存性人格障害」というカテゴリーがある。簡単に言えば、依存性が強すぎて人格のバランスを欠くことからつけられた疾患だが、その説明の最後にはこんな奇妙な但し書きが付け加えられている。

〈日本人は除く〉

これは、日本人に疾患としての依存性人格障害の持ち主はいない。あるいは、広義の意味で日本人のすべてが依存性人格障害であることを、逆説的に説明したものである。

言うまでもなく、欧米社会はキリスト教をその文化の母体としてきた。そこにあるのは、擬人化された「神」の意思による国家の在り方であり、その神との〝個人契約〟で成り立つ人生の価値観である。

実は、国として歴史の浅いアメリカでいち早く個人主義や自由主義が生まれたのも、「対人間」ではなく、この「対神」との個人契約が、バックボーンとしてあったからにほかならない。

この文化的風土は、当然のごとくスポーツ界にも影響を及ぼした。たとえば、イエス・キリストの最後の晩餐に登場した使徒は13人。ここから「13」を忌み嫌うべきものとする概念が広がり、アメリカのスポーツではこの数字が極力使われていない。「666」が悪魔の番号として忌み嫌われているのも、悪魔の概念を浸透させたキリスト教の影響である。

同じように、神との契約で形づくられた個人主義や自由主義は、集団における「個」の尊重・崇拝を生み出し、その概念がスポーツにも自然と浸透した。メジャー（シンシナティ・レッズ）に初めて背番号ならぬ「袖番号」が登場した1888年、選手から「人間を番号で呼ぶのは著しい人権侵害だ」と猛反対が湧きあがったのも、この集団よりも個を尊重する風潮と無縁ではない。

結局、この騒動は球団の必死の説得でやがて終息したが、背番号が選手の「顔」として定着していくにつれて、今度は永久欠番の乱発という現象を生み、空き番号の不足という事態を派生させる。このことは、個人主義の暴走が招いた皮肉な現象と言えるだろう。

落合博満ですら全体のためにプレー

一方、明治以来続く民法877条の「家族制度」が象徴するように、かつての日本人は、調和の中でアイデンティティを築き上げてきた。そこから育まれたのが、地域や共同体における人びととの繋がり・相互依存を重視し、あくまでも我を抑えて多数の意見や考えを尊重するといった民族性である。

この個を悪とし、協調性を徳とする民族性は、欧米からの個人主義の導入でいまや崩壊しかけているものの、伝統的な集団スポーツにおいては、いまなお頑強に維持されている。「連帯責任」を基盤とする価値観などは、それを端的に物語っているだろう。

野球で言えば、「オレ流」を貫いた落合博満にしても、こんなエピソードが残っている。ある日のフリー打撃でボテボテのゴロばかり打つ落合に対して、首脳陣の1人が苦言を呈した。このときの落合の言葉が、個の犠牲の元で成り立つ日本の野球観を、いかにも表わしていた。

「走者を進めるためのバッティング練習をしているだけです」

こうした「個は全体のために」という風土的な価値観が、欧米諸国の目に一種の依存と映った。つまり、日本人というのはとかく周囲の顔色を窺い、物事を決めていく依存性を持ち合わせている。ただし、それは伝統から培われた特有の国民性であり、したがって疾患ではない。これが、先の依存性人格障害のカテゴリーの中から〈日本人は除く〉とした理由である。

そう考えると、プロ野球に永久欠番が14しか存在しない理由も、その他の名だたるスター選手が永久欠番の恩恵に浴していない理由も、ある程度の説得力を持って提示されてくるのではないか。

メジャー以上に重厚な日本の永久欠番

それだけではない。落合や野村克也、江夏豊などの移籍組の大物選手の背番号が、なぜ永久欠番から除外されたかも、読み取ることができるだろう。

すでに説明したように、日本のスポーツには個よりも共同体（チーム）における協調性を美徳とする文化が、いまだ深く根を下ろしている。そこにあるのは、すべてを平等に扱うという伝統であり、特別視を懸念する風潮である。

永久欠番の乱立に走るメジャーに対して、プロ野球の各球団がその認定に慎重になる傾向は、この文化的価値観に依存するところが大きい。スタープレーヤーの多くが、永久欠番の恩恵から滑り落ちた理由の一端も、ここにある。

加えて、日本人の意識に深く刷り込まれてきた「一生懸命」という美徳観。その本来の意味が「一所懸命」、つまり「一つの場所で懸命に生きること」にあることを考えると、「複数の場所で生きる」、あるいは「生きる土壌を変える」ことは、その美徳からの逸脱を意味する。そして、この少々窮屈な美徳観が、集合的な無意識裏のうちに、プロ野球における大物移籍選手にも適用されてきた——と結論づけることは、それほどの暴論ではないだろう。

そう考えると、プロ野球における永久欠番には、メジャーのそれ以上に重厚な意味が込められてきたのかもしれない。たしかに、メジャーの永久欠番の概念には、その意味からして「お役御免」というニュアンスが、どことなく漂っている。

永久欠番——。「永久に」その選手を称えるという日本的な重々しい解釈に対して、アメリカではそれを単に「Retired Nnmbers」と表現してきた。

「退職《いんとん》した」と一般に訳される「Retired」にも、しかし、一方ではこんな意味もある。

「隠遁《いんとん》の」「辺鄙《へんぴ》な」「世人と交わらない」——。

FILE 15

野村克也・張本勲・山田久志……

不当な扱い？ 準永久欠番にもならなかったスター選手の悲劇

南海黄金期を築きながら、永久欠番とならなかった杉浦（写真左）と野村（写真中）。

球史にその名を残しながら、準永久欠番候補にすらならなかった選手がいる。球団との軋轢、トレードが原因となることや、中には不可解なケースもある。彼らはなぜ、永久欠番の栄誉を得られなかったのだろうか。

戦後初の三冠王となった野村克也

多少恣意的なところはあるものの、各球団が永久欠番及び準永久欠番選定の根拠にしているのは、あくまでもその選手の実績である。沢村栄治から稲尾和久に至る永久欠番14選手のほとんどが、その条件を満たしていることは言うまでもない。

そういう意味で、人気には絶大なものがあったものの、タイトルとは無縁だった清原和博の西武時代の「3」と巨人時代の「5」が、その選定に漏れたのは、むしろ当然だった。しかも、複数球団を渡り歩いた身（巨人の次はオリックス）。準永久欠番はチーム生え抜きの選手に与えるという球界の慣例を考えても、彼にはその資格がなかったのかもしれない。

だが、そう考えると、プロ球界に不可解極まりない事態が起きているのも事実である。野村克也、張本勲、杉下茂、山田久志、福本豊、米田哲也……といった往年の名選手の背番号が、永久欠番どころか準永久欠番にもなっていないことである。

彼らはなぜ、こんな扱いを受けたのか。この中で、野村の場合は、その背番号「19」が欠番扱いになること自体が、ある意味でありえなかった。

野村は1954年、テスト生として京都・峰山高から南海に入団。当初は「60」の背番号を背負ったが、レギュラー捕手に定着した1956年から「19」に変更された。

同シーズンからの活躍が、また目覚ましい。捕手として、南海を黄金時代に導いただけではない。チームの主砲としても、1961年から8年連続の本塁打王を獲得。1963年にシーズン51本塁打の日本記録（当時）を樹立し、65年には戦後初となる三冠王を獲得した。その野村の「19」がなぜ、欠番扱いされていないのか。

球団との確執に発展した夫人の現場介入

すべては、1977年に遡る。このシーズン、南海はリーグ2位とまずまずの成績を残したものの、野村と交際していたのちの沙知代夫人が、チーム運営に口を出すようになったことで、選手の不満が渦巻いていた。正式な野村夫人ではなかったが、「南海を優勝させる会」と銘打った南海の夫人会にも、たびたび顔を出している。これらの行為に、球団が腰を上げるまで時間はかからなかった。

当時、最初の夫人との離婚問題が進行していた野村は、球団の「あの女とは別れろ」の再三の要求にも頑として応じなかった。野村によると同年9月27日、球団代表に電話で「辞表を出す気はないか」と持ちかけられ、こんな対話に発展したという。

「辞表を出すとすれば、私が24年間働いたことに対する功労は何か考えていますか?」

「それは、自由契約だ」

「それが24年間の功労に対してのものですか?」

「金が欲しいのか?」

「そうです」

ここで両者の話し合いは一旦終わったが、すぐに再び代表から電話が入り、こう断を下されたという。

「君の条件は呑めない。解任する」

残り2試合を残して、野村は解任された。野村はこの解任劇の糸を引いた黒幕として、南海OBの鶴岡一人の存在を挙げている。引退後もなお、南海に強い発言力を持つ鶴岡に対して、こんな言葉を残していることからも、その遺恨ぶりが伝わってくるだろう。

「私はテスト生あがりで南海一筋に生きてきて、野球の奥深さを求め、努力してきた。そんな私だから、政治や駆け引きにうとく、今回のことに気がついたときは、すでに遅かった。鶴岡元老の政治が、私を追い込んでしまっていた」

この野村の背番号「19」を、南海が欠番にするわけもなかった。仮に球団が欠番措置を持ちかけたとしても、当の野村本人が拒否していた可能性もある。同時にそれは、南海に対して野村以上に遺恨を持つと言われる、沙知代夫人の気持ちでもあった。

現在、大阪球場跡地にある「南海ホークス・メモリアルギャラリー」。そこには、元南海の名選手や歴代監督が写真入りで紹介されているが、野村の名前だけはどこにもない。これは、沙知代夫人が拒否したためだという。

大エースの杉浦忠ですら候補外

しかし、同じ南海の功労者でも、野村と同時代に活躍したエース杉浦忠の「21」が、準永久欠番にもなっていないのは、何とも不可解である。

1958年、立大の先輩・大沢啓二（南海）からの「栄養費」と称する小遣いの授受もあり、杉浦は同期の長嶋茂雄と一緒に南海に入団する予定だった。ところが、直前になって長嶋が巨人へと寝返り、杉浦だけが入団の約束を守った。

ここで、まず長嶋と対比される形で、杉浦の義理堅さがクローズアップされる。

同年、新人ながら開幕投手を務めると、独特のサブマリン投法で27勝をマークし、新人王も獲得した。翌1959年は勝率9割を超える、実に38勝4敗、防御率1・40をマーク。南海の優勝の原動力となった。さらに、巨人との日本シリーズでは、MVPとなる4連投4連勝の離れ業を演じ、チームを日本一に導く。

この快挙で杉浦の株が、またグンと上がった。当時の南海と巨人は、1948年オフの「別所引き抜き事件」以来、因縁浅からぬ関係にあった。杉浦もこの事件でアンチ巨人となったとされ、巨人を倒すことが最大の目標になっていたが、それをプロ入り2年目で達成したことで、彼の正義感と反骨心には南海ファンから最大限の讃辞が送られている。杉浦は翌1960年も31勝をマークした。

同僚投手の宅和本司はこう杉浦を評している。

「私がブルペンに行こうとすると、親分（鶴岡監督）に『お前はベンチでジッとしとけ』と止められた。今日はリリーフはいらんということだろう。杉浦はそれほど信頼されていた」

右腕の血行障害もあり、選手生命は短かったものの（1970年に引退）、杉浦は13年で187勝106敗の成績を残した。

その杉浦の背番号「21」が、わずか1年の空き番期間を経て、1972年にドラフト1位投手の野崎恒男に明け渡された。以来、「21」は現在のソフトバンク・岩嵜翔に至るまで12投手に受け継がれるが、その中には工藤公康や和田毅の名前もあり、少なくともこの背番号が、エースナンバーとして認知されてきたのは事実である。

杉浦はその後、近鉄のコーチを経て、1986年に南海の監督に就任。ダイエーになった1989年までチームを率いた後、フロント入りした。2001年死去。南海一筋に生きた功労者であることに変わりはない。

暴行事件で巨人に入り損ねた張本

この杉浦への扱いが不可解なら、張本勲へのそれはさらに不可解極まりない。1959年、浪商から東映に入団した張本は、文字通り「打撃の職人」だった。プロ野球記録となる通算3085安打、通算打率は3割1分9厘にも上る。首位打者7回は、イチローと並ぶ日本タイ記録。1967年から70年までの4年連続首位打者は、98年にイチローに破られるまで日本記録だった。

この張本が現役時代に一貫してつけていた「10」が、なぜか永久欠番どころか準永久欠番にもなっていない。理由はおよそ二つ考えられるだろう。

一つは、彼が入団した東映がその後、日拓、日本ハムへと次々身売りされたこと。もう一つの要因が、彼がプロ入りに際して巨人に入り損ねたことである。実は、張本本人の希望球団は、東映ではなく巨人だった。当時の水原茂監督とも相思相愛の関係にあったが、最終的に球団側が獲得を見送っている。

母校・浪商の暴力事件の発覚が、すべての要因だった。張本自身はこの事件に直接関与していなかったが、「巨人軍は紳士たれ」を旨とする巨人の方針で、土壇場になって入団が取り消されたという。

王貞治と同期でもあった張本が、もし巨人に入団していたらどうなっていたか。長嶋茂雄や王と共に、強力な「ONH」打線を築いたことは想像に難くなく、ONの「1」と「3」同様、彼の背番号も永久欠番になっていた可能性があった。

1976年、その憧れの巨人に、張本が日本ハムから移籍してきた。だが、時すでに遅し。張本は「助っ人」として巨人に2年連続のリーグ優勝をもたらしたものの、長嶋は監督に転じ、王はと言えば、選手としての晩年を迎えていた。

気の毒と言えば、気の毒だろう。V9時代とON時代の終焉後の移籍だったことも手伝い、背番号「10」の存在は欠番候補にも挙がることなく、忘却の淵へと儚くも消えている。

憂き目に遭う阪急黄金期の戦士たち

では、杉下茂や山田久志、福本豊、米田哲也の場合は、どうなのか。第1章に詳しく書いているように、中日では服部受弘と西沢道夫の往年の二選手が、永久欠番の恩恵にあずかっている。中日のエースで、魔球フォークボールの使い手だった杉下茂（背番号20）の実績は、この2人と遜色ないどころか、凌駕していたところもあった。通算215勝。1954年には34勝をマークし、中日のリーグ初優勝だけでなく、日本シリーズ制覇にも大きく貢献している。

杉下はプロ最終年の1961年、大毎に移籍。引退後は中日の監督を務めたこともあったが、それ以外に阪神監督や巨人コーチ、さらに西武コーチにも就任しており、その流浪生活が欠番への足枷になったとも言われる。中日新聞が中部地区に進出した読売新聞と激しく敵対していたこともあり、特に巨人との接点が致命傷になった。

同じように、阪急の大エースだった米田哲也も、晩年を阪神や近鉄で過ごした。米田は通算350勝（歴代2位）のうち328勝を阪急で稼いだ。移籍をタブー視する暗黙の欠番条件がなければ、彼の「18」は準永久欠番どころか永久欠番選手になっていたかもしれない。

この米田が所属した頃の阪急は、パ・リーグ最強を誇ったにも拘らず、欠番選定には終始慎重な態度を見せていた。本塁打王と打点王をそれぞれ3度獲得した長池徳士の「3」は、1982年の引退後に欠番となったが、85年に西武のコーチになると、すかさず欠番解除の憂き目に遭っている。

気の毒なのが、アンダースロー投手最多の通算284勝をマークした山田久志と、通算938盗塁の世界記録を残した福本豊である。山田は1968年のプロ入り時に「25」を背負ったが、2年目に10勝したことから、71年から「17」へと昇格した。以後、17年連続の2ケタ勝利をマークし、1976年には26勝を挙げるなど、3度の最多勝を獲得。1970年代の阪急黄金時代の、誰もが認める大エースに躍り出た。ところが、1988年の引退時に球団がオリックスに買収される。これによって、彼の「17」の欠番措置の話は棚上げにされ、その2年後に新人の長谷川滋利に継承されるに至って完全に消滅した。

福本が引退したのも、山田と同じ1988年のことである。もっとも、彼の場合、盗塁の世界記録を樹立したことで、1984年にその背番号「7」の永久欠番決定が一度は決まった。が、現役続行中であることを理由に、それを福本本人が固辞。引退を待って永久欠番となるはずだったが、オリックスによる球団の買収によって、この話も遠のいた。

2001年、長らく欠番になっていたこの「7」が、横浜から移籍してきた進藤達哉に受け継がれる。阪急黄金時代の永久欠番候補の最後の砦が、こうして虚しく姿を消した。

その寂然としたファンの思いを代弁するように、山田はこう漏らしている。

「おれの17と福本の7は、永久欠番にしてもらいたかったなあ」

FILE 16

ドラマチックな野球人に最大級の賛辞を

日本初となる監督への栄誉！王貞治の「89」永久欠番の可能性

王の存在は、日本人にとって生きる教科書でもある。

メジャーでは、名監督が次々と永久欠番になっている。日本では選手のみに与えるイメージが定着してしまったが、日本で唯一候補となっているのが王貞治だ。王監督の欠番が実現することは、球界にとって非常に意義深い。

監督退任時に言及された永久欠番

名選手、必ずしも名監督にあらず。かつて引退後のベーブ・ルースが自ら希望した指導者としての道を「その適性はない」と阻まれたように、メジャーでは名選手が監督を務めるのは、むしろ稀なことである。

後に日米野球の懸け橋的存在になるトミー・ラソーダもその1人だった。

投手の彼はメジャー在籍わずか3シーズン。1勝もできずに現役を終えたが、その後ドジャースを率いて、地区優勝8回、リーグ優勝4回、ワールドシリーズ制覇2回という輝かしい実績を残した。名将・ラソーダの背番号「2」は、永久欠番となった。

このラソーダの例にあるように、メジャーでは現役時代は無名でも、監督として永久欠番の恩恵にあずかる者が多い。史上初の両リーグでのワールドシリーズを制覇したスパーキー・アンダーソンなどは、レッズ監督時代の「10」とタイガース監督時代の「11」が、それぞれ永久欠番になっている。

一方、プロ野球では監督の背番号が永久欠番になったことはない。このことは、プロ野球監督の座が、慣例的に名選手によって引き継がれることにも起因している。

巨人のV9時代をつくった川上哲治の「77」も、西武に黄金時代をもたらした森祇晶の「81」も、その候補にさえ挙がらなかった。中でも川上は、現役時代の「16」が永久欠番になっていたため、監督ナンバーを永久欠番にするという発想すら球団側に浮かばなかったのかもしれない。

しかし、永久欠番を「多大な功績を残した人物を称えるため、その背番号を永久に留めておく」と定義するならば、たしかに選手だけでなく、監督にもその適用を広げるべきだろう。そういう意味で、メジャーのほうが永久欠番の定義をより適正化しているとも言える。

もっとも、そのメジャーの風潮が浸透しつつあるのか、数年前にプロ野球でも監督への永久欠番適用の動きが見られたことがあった。ソフトバンクの王貞治監督の「89」に対するそれである。2008年、王が同シーズン限りでの退任を決めたとき、当時の竹内孝規COO（球団最高執行責任者）はこう口にしている。

「永久欠番にするという考えはあるかもしれませんね。これから話し合う内容ですが、今後、球団内で考えていくつもりです」

その後、竹内COOは退団。「89」の永久欠番の話題もいつの間にか雲散霧消してしまったが、たしかに王の波瀾に満ちた野球人生を振り返ると、そこに永久欠番に値する重厚な足跡が刻まれていることも確かだろう。

数々の世界的記録を残した巨人時代の背番号「1」は、言うまでもなく永久欠番である。が、その「1」で臨んだ巨人軍監督時代は、ファンやマスメディアの激しいバッシングを受けるなど、苦難の連続だった。そして、1988年、屈辱の解任劇。王はそのまま巨人と決別する。

その後、王は世界少年野球推進団体（WCBF）の専務理事として野球の裾野拡大に尽力する一方、その年間運営費4億円の捻出のため、ひたすら頭を下げて寄付金を募る生活を続けた。

その王がダイエー監督として球界復帰を果たすのは、巨人を解任された6年後。1995年のことである。

ホークスとしても初の永久欠番に

しかし、ここでも王は不運の波に呑み込まれる。監督1年目からチームはBクラスに低迷した。最下位をひた走った1996年には、ナインの乗ったバスに怒ったファンから生卵を矢継ぎ早にぶつけられるという屈辱も味わった。王は「俺はこんな仕打ちをされるために博多に来たんじゃない」と憤慨したが、すぐに冷静さを取り戻し、こう口にしている。

「これをファンの意見と取るならば、勝つことしかないんだよ」

それから3年後の1999年、王の忍耐がようやく報われた。念願の日本一を達成し、翌2000年には長嶋巨人と日本シリーズで激突した（敗退）。さらに、2003年にも再び日本一を達成。今日の常勝軍団・ソフトバンクの礎を築いている。

王がその後、第一回WBCの監督として日本代表を世界一に導き、名実ともに「世界の王」の称号を取り戻したことは記憶に新しい。

この王の歩みは、同じく巨人を解任されながらも巨人に拘った長嶋茂雄のそれと比べて、よりドラマチックで、感動的でさえあるだろう。何よりもそれは、野球というカテゴリーを超え、私たちに人生の意味そのものを提示してくれたという意味で、十分な賞賛に値する。

その王の「89」が近い将来、はたして永久欠番になるのか。

実現すると、監督としてプロ野球初の永久欠番措置になるだけではない。史上初となる複数球団での複数の永久欠番。さらに、ソフトバンクにとっても南海時代を含めて、初の永久欠番が生まれることになる。

スタッフ

編集
高野成光（OT EDIT）

執筆
織田淳太郎
坂井健太
福島 泉
ランディ掛岡

カバー・本文デザイン
勅使川原克典

写真協力
伊達政彦
共同通信社
日刊スポーツ

参考文献
『週刊ベースボール』
2000年2月21日、2006年4月24日、2007年5月7日、同10月1日、同10月8日、2009年3月2日、2012年2月27日、同5月21日
『フラッシュ』1994年2月8日、2000年2月15日、2012年7月10・17日合併号
『Sports Graphic Number』1984年3月25日、1992年5月5日、
『週刊現代』1977年10月20日
『ZAITEN』2010年1月
『新潮45』1993年6月
『読売スポーツ』1959年9月25日
『アサヒ芸能』1988年9月8日
『週刊読売』1969年10月31日

宝島
SUGOI
文庫

プロ野球　永久欠番タブーの真相

（ぷろやきゅう　えいきゅうけつばんたぶーのしんそう）

2013年4月18日　第1刷発行

編　者　別冊宝島編集部
発行人　蓮見清一
発行所　株式会社 宝島社
〒102-8388　東京都千代田区一番町25番地
電話：営業 03(3234)4621／編集 03(3239)0400
http://tkj.jp
振替：00170-1-170829（株）宝島社

印刷・製本　中央精版印刷株式会社

ISBN978-4-8002-0616-9